ODE

A L'IMPÉRATRICE EUGÉNIE

ET

POÉSIES DIVERSES

PAR

CHARLES LETOURNEAU

PARIS

LEDOYEN, LIBRAIRE, PALAIS-ROYAL

GALERIE D'ORLÉANS, 31.

—

1863

ODE

A L'IMPÉRATRICE EUGÉNIE

ET

POÉSIES DIVERSES

Paris. — Typographie HENNUYER, rue du Boulevard, 7.

ODE

A L'IMPÉRATRICE EUGÉNIE

ET

POÉSIES DIVERSES

PAR

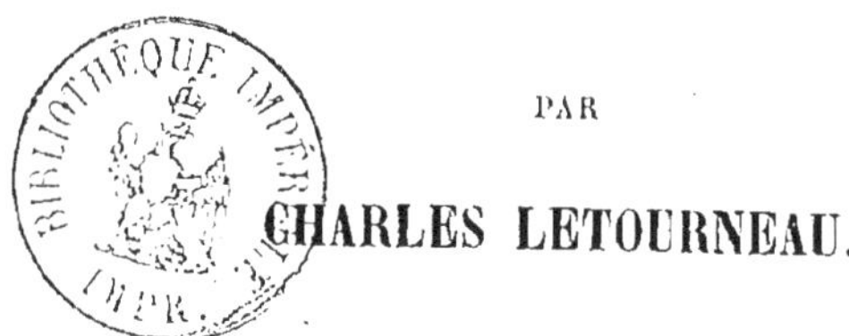

CHARLES LETOURNEAU.

PARIS

LEDOYEN, LIBRAIRE, PALAIS-ROYAL,

GALERIE D'ORLÉANS, 31.

1863

PRÉFACE

Nous voyons chaque auteur orner d'une préface
Son livre, dans l'espoir de plaire à tout lecteur ;
De cette œuvre parfaite il fait la dédicace
A quelque grand du jour dont il veut la faveur.
Pour moi, je l'avouerai, le seul bien que j'envie,
Celui qui plus que tout pourrait flatter mon cœur,
Ce serait d'obtenir, ô divine Eugénie,
D'être approuvé par vous l'inestimable honneur.
Fier de l'assentiment d'une telle lectrice,
Je braverais les traits de tous les envieux.
Si vous me protégez, puissante impératrice !
Je n'ai rien désormais à demander aux cieux.

POÉSIES DIVERSES

ODES

ET

POÉSIES DIVERSES

HOMMAGE

A L'EMPEREUR NAPOLÉON III.

Après tant de douleurs, ô ma belle patrie !
Qu'il est doux de te voir revenir à la vie ;
Relever ton front haut vis-à-vis l'étranger,
Qui de braver tes coups doit craindre le danger ;
De te voir échanger en un temps si prospère
Tes anciens jours de deuil, de crainte et de misère
Sur lesquels tout Français a dû verser des pleurs
En déplorant du sort les funestes rigueurs !

Aujourd'hui tes enfants sont heureux de ta gloire,
Fiers de tant de lauriers cueillis par la victoire :
Ton Empereur, si grand dans l'art de gouverner,
A su te rajeunir et te régénérer.
Sous son bras protecteur l'innocence respire,
Tandis que des méchants la trahison expire.
Son seul regard suffit pour tenir enchaînés
De tous les novateurs les désirs effrénés.
Par ses soins incessants le commerce prospère,
Tandis que l'artisan voit finir sa misère.
Dans nos champs égayés on voit le laboureur
A toute sa famille apporter le bonheur.
La Justice aujourd'hui tient en main sa balance
Pour rendre sans émoi ses arrêts en silence,
Sans que l'or de Plutus ou le glaive de Mars
Puissent forcer Thémis à baisser ses regards.
C'est à vous maintenant, ô filles de Mémoire !
De ce temps glorieux de raconter l'histoire ;
De faire retentir dans ce vaste univers,
A l'aide d'Apollon, votre prose et vos vers,
Qui sauront raconter du héros de la France
Les belles actions, la gloire et la vaillance.
D'Alexandre, César vous avez dit le nom,
Dites aussi celui de Louis-Napoléon !

Et croyez bien surtout que tout peuple et tout âge
Ne voudront rien changer à ce bel assemblage.
Pour que j'ose parler de ces faits éclatants,
Daignez, Dieu des beaux-arts, encourager mes chants.
Car il faut, pour remplir une si noble tâche,
Ne donner aux neufs sœurs ni trêve ni relâche.
Aussi, loin de prétendre à tracer ce tableau,
A d'autres plus heureux je laisse le pinceau
Qui devra, par son art, éterniser la gloire
D'un chef et d'un pays si dignes de mémoire,
En traçant avec force à nos derniers neveux
De leurs brillants combats le récit merveilleux.
Pour moi qui, je le sens, n'ai pas la hardiesse
De prendre un si haut vol, redoutant ma faiblesse,
J'esquisse seulement, en cadre rétréci,
Le simple résumé d'un aussi grand récit.
Lorsqu'arriva chez nous la discorde civile
Que ne put arrêter d'un roi la main débile,
Ce souverain eût pu trouver des défenseurs
S'il n'eût pas de son âme écouté les terreurs.
Pendant qu'il s'enfuyait, sur la place publique
Le peuple proclama soudain la république,
Et voulut, dans l'espoir de la mieux gouverner,
Sans aucun examen dix chefs lui donner.

Il n'aurait dû choisir que des hommes d'élite,
Il prit des factieux sans songer au mérite [1].
Après ces tristes chefs, Cavaignac au pouvoir
Des meilleurs citoyens un instant fut l'espoir ;
Mais vaine illusion, vision malheureuse
Qui donnait du bonheur l'espérance trompeuse :
Ce général fameux, cet homme de talent,
De leur camp sans retour déserta promptement.
Au parti radical en s'efforçant de plaire,
A tous les gens sensés il parvint à déplaire,
Surtout en accordant son admiration
Aux actes de son père à la Convention.
Aussi, lorsqu'il fallut recueillir le suffrage
Qui devait proclamer le nouveau personnage
Nommé pour gouverner, l'urne, au lieu de son nom,
Lui présenta celui de Louis-Napoléon.
A ce nom, aujourd'hui couvert de tant de gloire,
Le cœur s'épanouit, et l'on ne saurait croire
Qu'alors rien n'était fait, que tout était écueil
Au milieu des partis, de la patrie en deuil.
Pour premier embarras, le pouvoir militaire
Se trouvait dans les mains d'un général contraire

---

[1] Je ne veux parler ici que de l'ensemble du gouvernement provisoire, sans critiquer aucun de ses membres en particulier.

Aux désirs, aux projets du nouveau président ;
Soit qu'il tînt à garder un grand commandement,
Soit qu'il eût désiré remettre sur le trône
Le petit-fils du roi qui porta la couronne
Que le sort lui donna, tandis que son cousin
D'un affligeant exil reprenait le chemin,
Les députés, jaloux du pouvoir salutaire
Du chef de l'Etat, voulurent s'y soustraire.
Dès lors on prévoyait qu'ils feraient un éclat
Qu'il faudrait arrêter par quelque coup d'Etat.
Ici nous apparaît le beau jour de décembre
Plus mémorable encor que celui de novembre [1],
Ce jour qui, d'un héros assurant le dessein,
Sut trancher tous les fils de ce nœud gordien.
Aujourd'hui que son bras a sauvé la patrie,
Voyons à quel essor se livre son génie.
La Science et les Arts vers lui vont accourir,
Tandis que d'Apollon les lauriers vont fleurir !
Puis, écoutant du ciel une voix qui l'inspire,
Pour le bonheur de tous il rétablit l'empire.
Le trône était à lui par droit d'hérédité,
Il est encor plus beau de l'avoir mérité.

[1] 18 novembre 1799.

Le pays, par son vote, à ses droits rend hommage,
Et dans un seul faisceau réunit son suffrage.
Trompette, apprêtez-vous, et vous, clairons, sonnez;
Car c'est un des beaux jours que Dieu nous ait donnés !
Vous entendrez ma voix, vertueuse Eugénie !
Vous qu'il a su choisir pour épouse chérie ;
Vous dont le cœur si pur a voulu partager
Avec lui les plaisirs, la peine et le danger.
Votre fermeté rare égale son courage,
Et, quand à vos vertus nous rendons tous hommage,
La première, à nos yeux, est d'être à la hauteur
D'un esprit aussi vaste et d'un aussi grand cœur.
L'empire tout entier était calme et prospère
Quand les enfants du Nord entreprirent la guerre
Pour se saisir soudain des provinces d'Orient,
Contre les intérêts des peuples d'Occident,
Napoléon, jaloux de l'honneur de nos armes,
Résolut de porter la crainte et les alarmes
Parmi ces étrangers, mus par un fol orgueil,
Que son terrible bras devait changer en deuil.
Pour chanter ces combats, retracer cette guerre,
Il faudrait le talent de Virgile et d'Homère,
Ou savoir manier la lyre d'Amphion
Qui servit à bâtir les murs d'Ilion !

Vous eûtes votre part, glorieuse Angleterre,
A ces jeux de géants; votre ardeur guerrière
Vous a fait distinguer dans ces combats fameux
Qui feront tressaillir nos arrière-neveux !
Jeune encore arrivé sur les bords du Cocyte,
Vous avez, Saint-Arnaud, vu le pays du Scythe ;
Vous serez regardé comme un guerrier sans peur
Qui du premier combat fut l'illustre vainqueur !
Après vous, Canrobert, jaloux de votre gloire,
Sut mener nos soldats souvent à la victoire.
Pélissier, devenu commandant à son tour,
Du fort de Malakoff escalada la tour.
Alors on aperçoit l'étendard de la France
Qui, poussé par le vent, dans les airs se balance,
Et prouve à l'univers l'admirable valeur
De nos soldats conduits par la gloire et l'honneur.
La France, désormais grande et victorieuse,
Pourra dans ses traités se montrer généreuse,
Tout en gardant son rang auprès de l'étranger
Qui saura qu'à présent il faut la ménager.
Tel on voit le pêcheur, après un jour d'orage,
Heureux de voir les siens approcher du rivage,
Tel on voit maintenant tout le peuple français
Goûter avec bonheur les douceurs de la paix.

Pour charmer ses loisirs l'habitant de la ville
Cultive les beaux-arts, en sa maison tranquille,
Tandis qu'avec gaîté les jeunes villageois
Font entendre leurs chants ou le son du hautbois.
Maintenant qu'à la guerre il ne doit plus ses veilles,
Notre grand Empereur produira des merveilles
Pour orner nos cités, contenter leurs désirs,
Et pour leur procurer les biens et les plaisirs.
N'avons-nous pas tous vu le Louvre qui s'élève,
Tandis qu'en d'autres lieux un beau palais s'achève
Pour de tous les pays recevoir les produits
Dignes d'un des récits des *Mille et une Nuits?*
Tant est grand le concours, tant grande est l'affluence
De tous les étrangers nous apportant en France
Ce qu'ils ont fait de beau, de rare et de meilleur,
Guidés par la science et leur sage labeur.
Il vous est réservé, Palais de l'Industrie,
D'encourager les arts, d'honorer la patrie !
D'attirer dans nos murs sujets et souverains
Des pays éloignés et des pays voisins !
De Paris embelli, transformé par ses rues
Et par ses monuments s'élevant dans les nues,
La France entière sait, glorieux Empereur,
Qu'à vos conceptions elle en doit tout l'honneur !

Que c'est à votre esprit, à vos soins, à vos veilles
Qu'elle devra bientôt de nouvelles merveilles ;
Que, fort de votre droit, et ferme en vos desseins,
Vous saurez arracher à nos républicains
Le poignard assassin, la torche incendiaire
Dont ils voudraient armer la main du prolétaire ;
Qu'imitant des Romains le premier empereur,
D'unir tous vos sujets vous aurez le bonheur ;
Que, si de l'étranger la coupable arrogance
Venait pour attaquer le beau pays de France,
Tous vos sujets unis se trouveraient heureux
D'avoir pour les sauver votre bras généreux.
Puisse le Ciel toujours veiller sur votre vie
Pour le salut de tous, le bien de la patrie ;
Pour que notre pays, par vos soins relevé,
Soit au-dessus de tous à jamais élevé.

ODE

A L'IMPÉRATRICE EUGÉNIE.

Du coupable Ixion, qui voulut dans les cieux
Profaner les attraits de la reine des Dieux,
    J'abhorre la folie.
De ce pauvre insensé [1] qui suivait en tous lieux
La reine que le sort fit périr sous ses yeux,
    Je blâme la manie.
Mais d'un grand écrivain qui conserva sa foi,
De Longin qui servit l'épouse de son roi,
    J'honore le martyre ;
Car, s'il s'est illustré par un savant écrit,
L'histoire nous apprend comment il défendit
    La reine de Palmyre [2].
De vous servir ainsi je briguerais l'honneur
Si de vous approcher j'acquérais le bonheur,
    Illustre impératrice !
Pour parer vos dangers toujours je veillerais,

---

[1] Le fou de la reine Marie-Antoinette.
[2] Zénobie, veuve d'Odenat.

Et sans craindre la mort, de mes jours je ferais
  Un entier sacrifice.
Mais je ne peux, hélas ! que de loin entrevoir
De votre noble cœur, des malheureux l'espoir,
  La majesté suprême
Qui de tous vos sujets sait vous faire adorer ;
Et par tout l'univers a su faire admirer
  Votre beau diadème.
Le Ciel, qui pour le trône a formé vos attraits,
Des anges vous donna les vertus et les traits
  Dans sa munificence,
Pour charmer vos amis, vos parents, l'Empereur,
Et surtout par ces dons assurer le bonheur
  De notre belle France.
De peindre ces vertus pour acquérir le don,
Je pourrais de Pindare, Ovide, Anacréon,
  Invoquer le génie ;
Mais, sans avoir recours à ces astres brillants,
Je ne veux m'inspirer, pour soutenir mes chants,
  Que du nom d'Eugénie.
Ce nom cher aux Français, en tous lieux répandu,
Pourra seul ranimer mon esprit éperdu
  Qui tremble et qui chancelle
En pensant qu'il faudrait, pour tracer un tableau

Digne des immortels, posséder le pinceau
        De Zeuxis et d'Apelle.
On nous dit qu'Apollon ménage ses faveurs,
Qu'il faut lui consacrer son temps et ses labeurs
        Pour faire des merveilles ;
Que c'est un Dieu jaloux qui ne veut distinguer
Que ceux de ses élus prêts à lui prodiguer
        Leurs sueurs et leurs veilles.
Pour obtenir de lui qu'il daigne m'inspirer,
Soutenir mes esprits, et qu'il fasse vibrer
        Les cordes de ma lyre,
J'aurai pour mon appui, j'aurai pour protecteur
Un puissant avocat, un talisman vainqueur,
        Le sujet qui m'inspire.
De toutes vos vertus, la plus grande à mes yeux,
Celle qui vous égale aux habitants des cieux,
        C'est d'être charitable ;
De calmer les douleurs quand vous voyez souffrir,
Et de vouloir toujours aux malheureux offrir
        Une main secourable.
Pour donner il ne faut, dira-t-on, que de l'or,
Et je préférerais, même au plus grand trésor,
        Le denier de la veuve !
Ne connaissez-vous pas sa grande piété,

Son bienveillant accueil, qui sont de sa bonté
L'incontestable preuve ?
Vous avez remarqué son port majestueux,
Son aspect imposant, les contours gracieux
De son divin visage.
Pouvez-vous refuser d'admirer ses talents,
La beauté de son cœur, ses nobles sentiments
Et son mâle courage ?
Le jour qu'un attentat, par l'enfer inventé,
Vint navrer des Français le cœur épouvanté,
San âme magnanime,
Digne de son destin, des dons du Tout-Puissant,
A tous les yeux montra son courage étonnant
Par un élan sublime ;
Sans crainte du péril, auprès de l'Empereur
Elle fit admirer le calme de son cœur
Dans cet instant suprême,
Rendant grâce au Seigneur, qui protégea toujours
Son magnanime époux, d'avoir sauvé ses jours
De ce péril extrême.
Puisse le juste Ciel nous la garder longtemps !
Que nos petits-neveux, que nos petits-enfants,
Dans le cours de leur vie,
Eprouvent le bonheur de contempler les traits,

D'admirer les vertus, de goûter les bienfaits
  De la noble Eugénie !
Elle peut sans scrupule écouter les accents
De ma voix qui jamais ne donna son encens
  Au trouble, à l'anarchie,
Accordant sa louange aux zélés défenseurs
D'une liberté sage, ainsi qu'aux nobles cœurs
  Amis de la patrie.

ODE A LA CHARITÉ.

Fortune que nous adorons,
Qu'avec ardeur nous recherchons,
Pour le sage tu parais vaine
Quand tu commande en souveraine
A des cœurs follement épris
Des voluptés de nos Laïs,
Des plaisirs d'un monde frivole
Des goûts d'une jeunesse folle,
Sans jamais avoir écouté
Les accents de la charité.

A quoi vous sert votre grandeur
Riche bourgeois, puissant seigneur,
A quoi vous servent vos richesses,
Vos galas, vos belles maîtresses ?
Souvent à gâter votre cœur,
A mettre en doute votre honneur,
A vous donner plus d'un mécompte,
Et très-souvent une mort prompte ;
Ce que vous auriez évité
En pratiquant la charité.

Je prise peu les conquérants
Qui, comme le vent, les autans,
Les bruyants éclats du tonnerre,
Sont toujours l'effroi de la terre ;
Qui se font dresser des autels
Par la peur des faibles mortels.
A ces grands guerriers je préfère
La gloire d'un roi débonnaire,
Qui sait entendre avec bonté
Les accents de la charité.

Tendres amants, heureux époux
Qui jouissez de plaisirs si doux ;

Qui de l'amour goûtez les charmes
Sans penser au deuil, aux alarmes,
Sachez qu'il est des malheureux,
Des gens sans pain, des souffreteux
Qui sont plongés dans la misère,
Manquant de tout sur cette terre ;
Aidez-les dans leur pauvreté
En leur faisant la charité.

Vous qui goûtez tous les plaisirs,
Qui satisfaites vos désirs,
Vous habillez à votre guise,
Et faites une chère exquise
Par le parasite adorés,
Votre or et vos lambris dorés,
Votre luxe et vos équipages
Seront de tristes avantages
Près de Dieu, si l'humanité
Vous a trouvés sans charité.

Belles dames qui, tous les jours,
Vous parez de brillants atours
Pour aller au bal, à l'église ;
Qui soignez vos mains, votre mise ;

Qui des fleurs respirez l'odeur,
Des parfums la douce senteur,
Vous pouvez avec modestie
Goûter tous ces biens de la vie
Puisque vous avez écouté
Les accents de la charité.

Braves soldats, jeunes guerriers
A qui du dieu Mars les lauriers,
L'enivrement de la victoire,
Les nobles fastes de la gloire
Ont souvent fait battre le cœur;
Suivez le sentier de l'honneur;
Ne ménagez pas votre vie
Pour défendre votre patrie;
Mais soulagez l'humanité,
Aimez toujours la charité.

Princes, grands rois et empereurs,
Margraves, ducs si grands seigneurs
Qui rayonnez de tant de gloire,
Il est une grande victoire
Que vous pouvez tous acquérir
Sans un soldat faire périr;

C'est celle qu'un bon cœur donne,
Qui ne fait de mal à personne,
Que fait obtenir la bonté
Par la voix de la charité.

Dignitaires, heureux du jour,
Qui tenez un rang à la cour,
Et vous trouvez à toute fête
En élevant très-haut la tête,
Jouissez sans crainte de l'honneur
Que l'on accorde à tout seigneur :
Vous obtiendrez tous nos hommages,
Et vous aurez tous nos suffrages
Dès que vous aurez écouté
Les accents de la charité.

Grands écrivains qui pâlissez
Sur les bouquins que vous lisez
Pour avaler cette fumée
Que nous donne la renommée,
Vous voulez imiter Rousseau,
Corneille, Racine ou Boileau
Pour des neuf sœurs suivre la trace
En escaladant le Parnasse.

L'amour de la célébrité
Ne peut nuire à la charité.

Vous mortels qui vous désolez,
Qui devant Jéovah tremblez
Quand il veut effrayer la terre
Par les éclats de son tonnerre,
Quand il veut frapper de ces coups
Qui nous annoncent son courroux,
Rassurez-vous, levez la tête !
Vous apaiserez la tempête
Si vous aimez la vérité
Et pratiquez la charité.

Vous, bonnes sœurs que nous aimons,
Que dans notre cœur nous portons,
Recevez ici nos hommages,
Nos remercîments, nos suffrages
Pour les bienfaits et les secours
Que vous accordez tous les jours.
En chœur bénissons la journée
Pour tous à jamais fortunée
Qui fonda pour l'humanité
L'ordre des Sœurs de charité.

ODE A KLÉBER.

Pour chanter les exploits de nos vaillants guerriers
Dont le front apparaît couronné de lauriers,
        Il faudrait sur la lyre
Savoir trouver des sons belliqueux, éclatants,
Dignes de leur valeur, dignes des sentiments
        Que ce sujet inspire.
De ces nobles accents que Virgile a trouvés
Quand il chanta d'Enée et des Troyens sauvés
        La fuite en Italie,
Voulant ainsi flatter du second des Césars,
Devenu souverain, protecteur des beaux-arts,
        L'innocente manie.
Ce Romain, qui voulait être du sang des dieux,
Dédaignait Diogène et le nom orgueilleux
        De tous ceux de sa secte,
Peu semblable à Kléber, ce guerrier si vaillant
Qui se trouvait heureux d'être le descendant
        D'un modeste architecte.
De nos fiers bataillons qui défendaient l'Etat
Dans les rangs il servit comme simple soldat

Avec un grand courage ;
Et, marchant sur les pas de nos plus grands guerriers,
Avec eux il obtint de cueillir des lauriers
Le brillant avantage.
Devenu général par son rare talent,
Il sut se distinguer dans son commandement
Au siége de Mayence ;
Ensuite il lui fallut quitter ceux qu'il aimait
En allant dans l'Ouest, du parti qu'il servait
Pour prendre la défense.
Muse qui me guidez et dirigez mes chants,
Abaissez votre voix, changez vos vêtements,
De deuil couvrez vos charmes ;
Car des braves Français qui se battaient entre eux
Il vous faut raconter les combats malheureux,
Les cruelles alarmes.
Aujourd'hui que, tenant les rênes de l'Etat,
Un héros invincible a frappé de son bras
L'hydre de l'anarchie
Qui vient de déserter nos villes et nos champs
Pour aller désoler les trop malheureux camps
De la belle Italie,
Nous pouvons sans danger dire la vérité,
Louer des deux partis avec sincérité

Les hommes de courage :
Hoche, Beaupui, Canclaux, Canuel et Marceau ;
Larochejacquelein, Bonchamp, Cathelineau,
   Si fermes dans l'orage.
Et vous guerrier fameux, peu fait pour les échecs,
Qui fûtes à nos yeux tel que parut aux Grecs
   Achille devant Troie,
Kléber, pourrais-je assez louer votre valeur,
Vos précoces talents, car votre âme à la peur
   Jamais ne fut en proie.
Vous sûtes vous unir aux prudents généraux
Qui se sont illustrés par d'immortels travaux
   Et leur rare sagesse,
Et fîtes remarquer dans les combats sanglants
De Torfou, Savenai, de Cholet et du Mans
   Votre grande prouesse.
Mais bientôt nos tribuns dans nos camps répandus,
Avec atrocité traitant tous les vaincus,
   Révoltèrent votre âme
Qui ne put retenir son indignation
Contre eux et les excès de la Convention,
   Sa tyrannie infâme !
A ses cruels desseins ne pouvant vous plier,
Votre rigidité vous fit disgracier

Et renvoyer en Flandre
Où vous sûtes, chassant l'ennemi de Fleurus,
Imiter la valeur que contre Darius
        Fit paraître Alexandre.
Combat de Friedberg et vous combat fameux
Auprès d'Altenkirchen, remportés par ce preux,
        Vous nous donnez l'idée
De ceux qu'il va bientôt livrer dans d'autres camps,
Lorsque son pied vainqueur viendra fouler les champs
        D'Égypte et de Judée.
On dit que les païens pour former un faisceau
Qui fut tout à la fois et plus noble et plus beau
        Aux grands travaux d'Hercule
Joignaient ceux d'un guerrier qui porta même nom,
Aussi brave que lui, d'un aussi grand renom,
        En tout point son émule.
On pourrait aujourd'hui des travaux glorieux
Accomplis par Kléber en ce pays fameux,
        Pour parer un autre homme,
Retrancher la moitié, car ses autres lauriers
L'égaleraient encore aux plus fameux guerriers
        De la Grèce et de Rome.
Son génie en effet prit un nouvel essor ;
Le combat d'Aboukir, celui de mont Thabor

Le couvrirent de gloire ;
Et quand il eut en main un grand commandement,
Il montra qu'au courage il joignait le talent
          Qui donne la victoire.
Pour juger son mérite, il faut apprécier
Ses immenses dangers et ne pas oublier
          Que sa petite armée,
Par les nobles efforts de plus d'un grand combat,
La fièvre, le typhus, la chaleur du climat,
          Se trouvait décimée.
Et c'est dans ce moment que le manque de foi
De l'Anglais, oubliant de nos traités la loi,
          L'obligeait à reprendre
Les villes et les forts qu'il venait de quitter
Pour réunir ses corps et les réconforter
          Afin de se défendre.
C'est alors qu'il grandit ! c'est alors qu'à l'instar
D'Henri Quatre, Annibal, Alexandre, César,
          De Kléber le génie
Saura de l'ennemi punir la trahison,
Par de nouveaux combats venger de cet affront
          L'honneur de la patrie.
Il sut vous imiter, vaillant Léonidas !
Mais, plus heureux que vous, il ne succomba pas

Dans sa noble défense.
Obligé de combattre avec un contre cent,
Il fut victorieux ; de ce débat sanglant
            Heureuse récompense.
On connaît ses succès sur les enfants d'Isis ;
De Thèbe, Alexandrie et d'Héliopolis
            On connaît les journées.
Hauts faits miraculeux, fameuses actions
Qui sont de nos soldats, vainqueurs des nations,
            Les glorieux trophées.
Il avait arrêté le cours de ses exploits,
De la paix désirant faire accepter les lois,
            Lorsque la main impie
D'un jeune Égyptien, du Koran sectateur,
Vint frapper ce héros pour obtenir l'honneur
            De venger sa patrie.

            Noús devons tous verser les pleurs
            Que ce triste trépas inspire ;
            Ainsi que prier les neuf sœurs
            De vouloir accorder leur lyre
            Pour célébrer les grands exploits,
            Et pour éterniser la gloire

                                            2

De cet émule de nos Dunois
Enfants chéris de la victoire.
Qu'il aille à la postérité !
Qu'Appollon, Minerve et Bellone
De leurs mains tressent la couronne,
Due à son intrépidité.

ODE A LA POÉSIE.

Montparnasse, sacré vallon,
Et vous les neuf sœurs d'Apollon !
Qu'il faut que vous ayez de charmes
Pour faire oublier les alarmes
Que vous causez à tous rimeurs
De vos attraits adorateurs !
N'a-t-on pas vu le vieil Homère
Porter en tous lieux sa misère ;
Et plus tard Ovide opprimé,
A Rome, pour avoir rimé.

Le Tasse fut persécuté,
Mis en prison et tourmenté
Pour avoir chanté la tendresse
Qu'il avait pour une princesse.
Corneille, ce grand écrivain,
Vécut sans argent et sans bien.
On sait que le bon La Fontaine,
Qui ne connut jamais la haine,
Mangeait, à Paris, peu connu,
Son bien avec son revenu.

On sait que le vieux Chapelain
Etait un très-pauvre écrivain,
Pourtant ce rival du Tasse
Tenait le sommet du Parnasse ;
Et, par ses vers pleins de défauts,
Eclaboussait tous ses rivaux.
Rome vit l'oison de Cordoue [1]
Salir le cygne de Mantoue [2],
Et quand Horace fut fêté
Tibulle fut persécuté.

[1] Lucain.
[2] Virgile.

A tes accents, triste Sapho,
Répondait la sensible Echo
Lorsqu'aussi brave qu'Encelade,
Tu fis le grand saut de Leucade
Pour obtenir des jours heureux
En éteignant tes tendres feux.
Mais pour toi cette indifférence
Fut plus cruelle que l'absence
De celui qui fit ton malheur
En dédaignant ton pauvre cœur.

Les belles dames de la cour
Du grand roi disaient sans détour,
Cédant à leur humeur chagrine,
Qu'il était certain que Racine
Ne méritait pas de pardon
De vouloir détrôner Pradon.
Le monde est fait dans un tel moule
Que du temps de Boileau la foule,
Délaissant un auteur divin,
Courait aux sermons de Cotin.

Nous savons tous que par malheur
La postérité d'un auteur

Ne juge que tard le mérite ;
Et l'on a vu plus d'un Thersite,
Plus d'un misérable bouffon
De grand homme voler le nom ;
C'est un fait digne de remarque
Que pour trouver un Aristarque,
On rencontre dans nos cités
Mille Zoïles effrontés.

Cependant le dieu des beaux-arts,
Quand il veut fixer nos regards,
Chatouille si bien nos oreilles,
Que, pour admirer ses merveilles,
Et pour être de ses élus,
Nous délaissons Mars et Plutus.
Aux récompenses de Bellone
Nous préférons une couronne
Faite avec l'arbre fortuné,
Issu des charmes de Daphné.

Pour obtenir un pareil don
Des mains du sévère Apollon
Il nous faut travailler sans cesse
Avec courage et sans faiblesse.

Car ce dieu sera dédaigneux
De notre hommage et de nos vœux
Si nous aimons trop la paresse,
Et nous livrons à la mollesse.
Donnons-lui toutes nos sueurs
Si nous voulons de ses faveurs.

Travaillez donc, jeunes auteurs,
Du génie ayez les ardeurs ;
Sur le métier avec courage
Sans ennui mettez votre ouvrage ;
Lisez nos poëtes les meilleurs,
Ceux qui sèment leurs champs de fleurs,
Dont Apollon conduit la verve,
Guidé par la sage Minerve ;
Avec ces guides merveilleux
Votre nom ira jusqu'aux cieux.

Mais si, pareils au roi Midas,
Vous vous lassez aux premiers pas,
Si vous marchez avec mollesse
Vers la fontaine du Permesse,
Vous ne serez que des frelons
Inutiles dans nos vallons ;

Jamais vous n'obtiendrez la gloire
De faire aimer votre mémoire,
Le laurier vous fera l'affront
De s'éloigner de votre front.

Si vous peignez de nobles faits,
De Corneille imitez les traits,
Et dans l'art de la tragédie,
Imitez l'auteur d'*Athalie* ;
Pour l'ode consultez Rousseau,
Et pour la satire Boileau ;
Si vous voulez plaire à Thalie,
De Molière ayez le génie ;
Pour vers légers, prenez leçon
De Voltaire et de Bachaumon.

Vous qui cherchez, de toutes parts,
Dans la science et les beaux-arts
Le moyen de charmer la vie,
Rendez hommage à la poésie
Qui peut les vices réformer,
Et sait notre raison former ;
Qui soulage notre misère
Et tous nos maux sur cette terre ;

Elle mérite les autels
Que lui dressent tous les mortels.

ODE A L'AMITIÉ.

Sainte et tendre amitié, je te chante en mes vers ;
A tes attraits divins, à ton noble langage
Qui sait nous soulager dans nos malheurs divers,
    Je rends un pur hommage.
C'est toi qui, dans l'ardeur des courses, des combats
Que se livrent entre eux les hommes dans l'enfance,
Et dans leurs autres jeux fait trouver mille appas
    Par ta douce assistance.
Mais quand l'homme a grandi, qu'il est adolescent,
Que ses sens éveillés le rendent moins traitable,
Tu fais battre son cœur, et c'est toi qui lui tend
    Une main secourable.
Et lorsqu'arrive enfin le beau temps des amours,
Quand notre cœur choisit une première amie,
C'est encor l'amitié qui donne son secours
    Pour charmer notre vie.

Lorsque vient l'âge mûr, c'est ce beau sentiment
Qui soulage nos cœurs, qui double notre envie
D'être bons citoyens, d'avoir le dévouement
    Qu'on doit à sa patrie.
Quand la vieillesse arrive et que l'amour s'enfuit,
L'amitié le remplace, elle relève l'âme,
Elle sait s'emparer des cœurs qu'elle réjouit
    Par sa brillante flamme.
Plus que tout autre ici je dois citer ton nom
Toi qui, de Lælius l'ami le plus intime,
Pour ce bon citoyen, illustre Cicéron,
    Proclama ton estime.
Auguste sut aussi, comme cet orateur,
Avoir cette vertu ; sur la royale scène
Il fut juste et clément, ayant eu le bonheur
    D'être ami de Mécène.
Nous savons tous qu'Enée eut dans l'adversité
Comme aux temps fortunés, et même chez Hécate,
Ce tendre sentiment, par les dieux excité,
    Pour son fidèle Achate.
D'Achille et de Patrocle on connaît l'union,
Sur le plus faible Hector exerça son courage ;
Mais le fils de Thétis, sous les murs d'Ilion,
    Sut venger cet outrage.

Je ne citerai pas le fils d'Agamemnon
Dont le bras a servi la vengeance céleste ;
Quand on parle d'amis on prononce le nom
    De Pylade et d'Oreste.

Mais je n'oublierai pas du plus grand des Bourbons
Pour un de ses sujets l'affection sincère :
A côté de Henri, de Sully nous plaçons
    Le noble caractère.

De Thou, ne voulant pas faillir à l'amitié,
Du puissant Richélieu sut braver la sentence ;
Avec son cher Cinq-Mars il resta de moitié,
    Et mourut en silence.

Du Tremblai, conseiller d'Armand de Richelieu,
A son sévère ami toujours resta fidèle ;
Et jusques au moment qu'il retourna vers Dieu
    Il lui prouva son zèle.

Louis Quatorze a trouvé, pour le servir, Colbert ;
Mais toujours l'égoïsme environna son trône ;
S'il eut des serviteurs et pas un cœur ouvert,
    C'est qu'il n'aima personne.

L'amitié d'un grand homme est le don le plus beau
Qui nous soit accordé. La faveur est divine
Si deux amis sont grands comme le sont Boileau
    Et le tendre Racine.

De ces hommes fameux et de leurs vrais amis,
Cher Alphonse, avec vous je chéris la mémoire,
Dans notre obscurité comme eux restons unis
    Sans envier leur gloire.

ODE AU GÉNÉRAL CANUEL.

Noble et tendre amitié, dont l'heureuse influence
Sait des cœurs généreux ennoblir l'existence,
    Je t'invoque aujourd'hui
Pour parler d'un guerrier, faire aimer sa mémoire :
Du brave Canuel, pour relever la gloire,
    Prête moi ton appui.
Daigne donc m'inspirer, me donner ta lumière
Pour me faire arriver au bout de la carrière,
    Fille digne du ciel !
Toi qui toujours chéris la gloire de la France,
Toi qui formas mon cœur, dès ma plus tendre enfance,
    Pour aimer Canuel.

Fais que, des factions méprisant le langage,
D'aimer la vérité j'acquiers le courage,
     Par ta protection,
Pour détruire à jamais des mensonges infâmes,
Et porter en tous lieux dans les cœurs, dans les âmes,
     La persuasion.
Le héros de mes chants, en sortant du jeune âge,
Voulut sous nos drapeaux faire l'apprentissage
     Des travaux du dieu Mars.
Volontaire à seize ans, il vit la colonie
Où naquit l'Empereur [1], et de notre patrie
     Suivit les étendards.
Le jour où le pays, dans son impatience
De chasser l'étranger qui menaçait la France,
     Appela ses enfants,
Il entendit sa voix : il fit une campagne
Dans la Flandre française et deux en Allemagne
     Toujours aux premiers rangs.
Après avoir servi dix mois en Italie
Avec même valeur, pour venger la patrie,
     Il suivit dans les camps
Le général Menou, nommé dans la Vendée
Pour apaiser le trouble et commander l'armée
     Dans ces malheureux temps.

[1] L'Ile de Corse.

Sans vouloir raconter les phases d'une guerre
Qui désolait le cœur d'une commune mère
        De ses maux gémissant ;
Et sans énumérer les diverses batailles
Qui du pays en deuil déchiraient les entrailles,
        Disons qu'il fut vaillant,
Qu'il fut le compagnon et l'émule de gloire
Des hommes dont le nom marquera dans l'histoire,
        Kléber, Marceau, Beaupui,
Célèbres généraux, tous quatre amis de Hoche,
Vrais chevaliers d'honneur, sans peur et sans reproche,
        De leur pays l'appui.
Peut-on ne pas parler de ces combats illustres
Dont le nom retentit depuis quatorze lustres,
        Nantes, Cholet, le Mans,
Que gagnèrent ces preux par leur mâle courage,
Et qu'un prince appelait, dans son brillant langage,
        Des combats de géants ?
Ce qui de Canuel fait un homme d'élite,
Conseiller de Canclaux, c'est qu'il eut le mérite
        D'accorder un pardon
Dont Hoches, général d'une illustre mémoire,
Eut l'art de s'emparer pour augmenter sa gloire
        Et rehausser son nom.

Il préserva les jours d'une femme éplorée,
Fille d'un gentilhomme habitant la contrée,
        Qui, fuyant l'échafaud,
Vint se réfugier dans son camp, sous sa tente,
Pour qu'il pût l'arracher, en bravant la tourmente,
        De la main du bourreau.
En sortant de l'Ouest il fut dans la Touraine,
Où de riants ruisseaux serpentent dans la plaine,
        Puis après à Lyon ;
Et par sa fermeté, son esprit de concorde,
Il sut dans ces pays arrêter la discorde
        Et la rébellion.
C'était en ce temps-là que la faible puissance
De nos cinq directeurs tombait en décadence
        Par un débat mortel [1].
Les membres des Cinq cents qui craignaient la tempête,
Voulant un général pour défendre leur tête,
        Désignaient Canuel [2].
Mais leur parti manqua l'occasion opportune
De saisir le pouvoir ; trahis par la fortune
        Les meilleurs députés
Et les hommes de cœur, ceux dont le caractère

[1] Coup d'Etat du 18 fructidor.
[2] Pour commander la garde des Cinq-cents.

Aurait pu diriger l'Etat dans sa carrière
        Furent persécutés [1].

Alors le général vit briser son épée,
Tout son espoir déçu, son attente trompée
        De servir son pays.
Mais bientôt l'Empereur sut lui rendre justice,
Voulut le rappeler, lui donner du service
        Dans les Etats conquis [2].
Il allait tout joyeux joindre la grande armée,
Lorsqu'encore une fois sa main fut désarmée
        Par l'inique action
De ces lâches frelons qui près des rois bourdonnent,
En sapant leur pouvoir par les complots qu'ils forment,
        Et par la trahison.
Quelqu'innocent qu'il fût, on ne put le comprendre,
Et le pays perdit un bras pour le défendre,
        Ce fut un grand malheur [3] !
Car ce guerrier eût pu, par son mâle courage

[1] Barras, Rewbel et La-Reveillère-Lepeaux firent prévaloir l'opinion terroriste et chassèrent du Directoire Carnot et Barthélemi.

[2] Le général Canuel fut nommé gouverneur de la Westphalie après avoir commandé à Mézières.

[3] Le général Feltre reconnut son erreur en 1814, et fit rétablir le général Canuel sur les cadres de l'armée.

Qui résista toujours au plus terrible orage,
        Eclairer l'Empereur
Et par là conjurer les malheurs de l'Empire,
En sachant et surtout en osant souvent dire
        Au chef la vérité
Que de lâches flatteurs, craignant de lui déplaire,
S'efforçaient de cacher, afin de lui complaire
        Quand vint l'adversité.
Les Cent-jours arrivés, gardant la foi jurée
Aux Bourbons malheureux, il fut dans la Vendée,
        Prêt à se dévouer ;
Mais en vain il suivit l'élan de son génie,
Le désaccord des chefs, l'ambition, l'envie
        Le firent échouer.
Chef divisionnaire envoyé dans le Rhône
Pour servir les Bourbons et soutenir le trône,
        Il connut le dessein
Que de mauvais Français, amis de la licence,
Dans l'ombre avaient formé contre le roi de France,
        Leur nouveau souverain.
Il prévint le pouvoir et, semblable à Cassandre,
Qui disait l'avenir sans qu'on voulût l'entendre,
        Il fut mal écouté.
Mais bientôt la révolte ayant levé la tête,

L'autorité s'arma pour calmer la tempête
　　Avec célérité.
On a frappé Ledoux [1], qui courait à son poste ;
La ville est en émoi, chaque parti s'accoste ;
　　On ferme ses maisons.
La révolte est partout, le meurtre l'accompagne,
On se bat dans la ville, au loin dans la campagne
　　Pour chasser les Bourbons ;
Mais l'autorité veille au salut de la France.
Chaque endroit attaqué reçoit une ordonnance ;
　　Le prudent général
Fait charger les partis sans diviser la troupe,
Afin de disperser le peuple qui s'attroupe
　　Dans ce moment fatal.
Tout en sauvant l'Etat, cette sage mesure
De tous les radicaux excita le murmure.
　　Ces ennemis du roi
Obtinrent du pouvoir d'envoyer dans le Rhône
Un de nos maréchaux pour affaiblir le trône,
　　Pour éluder la loi.
On désigna Marmont : cet homme si peu sage
Fut heureux d'accepter un semblable message.

[1] Le capitaine Ledoux fut assassiné dans les rues de Lyon par les insurgés.

       Contre de bons Français
Il ourdit des complots, lâcha la calomnie,
Tronqua tout le procès, usa de perfidie
       Comme avec Beauharnais.
Contre de tels forfaits notre cœur se soulève
D'une indicible horreur, et l'on croit faire un rêve,
       On plaint ce malheureux
De sa perversité. Sa bouche de vipère
Pour jeter son venin viendrait mordre sa mère ;
       Son langage est affreux :
Aussi, sois-en certain, on dira d'âge en âge :
Dans ce temps mémorable il fut un personnage,
       A jamais odieux,
Qui, pour trahir deux fois, se servit du parjure ;
Et dont le nom sera la plus mortelle injure
       Pour tout cœur généreux.
Quand Charles Dix forma son dernier ministère,
Il voulait qu'on portât Canuel à la guerre,
       Sans convaincre son fils,
Qui n'y put consentir : ce prince débonnaire
Ayant à ses flatteurs la crainte de déplaire,
       De blesser leurs amis.
Cependant apparut la fameuse ordonnance
Qui devait décider du destin de la France,

Sauver la nation.

Le ministre, voulant grandir sa renommée,

Combattait l'Africain. Pour commander l'armée

Le roi choisit Marmont.

On sait comment ce chef, sans courage et sans tête,

Voulant parlementer, plia sous la tempête,

S'enfuit honteusement.

Pendant ces pourparlers et pendant cette fuite,

Des autres généraux noble était la conduite,

Et grand le dévouement !

Pour rester plus longtemps à son devoir fidèle,

Despinois combattait auprès de la Rochelle,

Comme à Bordeaux Clermont.

Le camp de Saint-Omer, tout bouillant de courage,

S'avançait, commandé par un chef ferme et sage

Pour venger cet affront.

A Bourges, Canuel, sans avoir reçu d'ordre,

Voulant avec sa troupe arrêter le désordre,

Accourait près du roi.

Quand il sut que ce prince, abdiquant la couronne,

Partait pour l'étranger, abandonnait le trône

Sans trouble et sans effroi.

Ce jour-là disparut de la scène publique

Ce guerrier Londunais, ce ferme politique

   Qui garda son serment.
Il eut à supporter des fortunes diverses,
Et pour quelque bonheur eut de grandes traverses
   Qu'il subit dignement.
Pour moi, fils de sa sœur, qui, depuis mon enfance,
Ai pu dans tous les temps suivre son existence,
   J'ai su toujours l'aimer.
En fils respectueux je chéris sa mémoire ;
Et plus sa modestie a dû nuire à sa gloire,
   Plus je dois l'estimer.

ODE A LA PATRIE.

Tous les bons citoyens préfèrent la patrie
A ce qu'ils ont reçu de la bonté des cieux ;
Sans hésiter pour elle ils donneraient leur vie
Et de leurs biens feraient l'abandon généreux,
   Mourir pour la patrie
   Est pour l'homme de cœur
   Préférable à l'envie
   De vivre sans honneur.

De ces grands dévouements notre histoire est remplie.

Mais il serait trop long de les tous raconter ;

Nous nous contenterons en Europe, en Asie,

De choisir quelques noms que nous pourrons citer.

> Au temple de mémoire
>
> Nous allons demander
>
> Les noms couverts de gloire
>
> Qu'il faut recommander.

Je dois citer vos noms renommés dans la Grèce

Et dans tout l'univers, grand Epaminondas,

Dont nous connaissons tous la valeur, la sagesse !

Et vous, son noble ami, brave Pélopidas !

> Pour vos beaux faits redire,
>
> Du chantre d'Ilion
>
> Il me faudrait la lyre
>
> Ou celle d'Amphion.

Vous deux, tendres amis qui perdîtes la vie,

Fougueux Harmodius, jeune Aristogiton !

Vous pensâtes au cœur frapper la tyrannie,

Sans pouvoir obtenir que d'en changer le nom.

> Votre mort éclatante,
>
> Fruit de vastes desseins,
>
> Nous remplit d'épouvante
>
> Vous faisant assassins.

Il n'en fut pas ainsi de vous, Léonidas,
Qui, de votre pays pour calmer les alarmes,
Avec trois cents guerriers, par un noble trépas,
De nombreux ennemis arrêtâtes les armes !
     Cette action fameuse
     A porté jusqu'aux cieux
     Votre fin généreuse,
     Votre nom glorieux.
Zopir, de Darius le courageux ministre,
Voulut pour le servir se faire mutiler,
Prouvant aux ennemis par son état sinistre
Qu'il détestait son maître, et voulait l'immoler.
     Longin pour Zénobie
     Montra la même ardeur ;
     En lui donnant sa vie
     Il se couvrit d'honneur.
Des fameux Décius nous connaissons l'audace :
Le premier loin de lui la crainte rejeta ;
Et, pour des Dieux vengeurs détourner la menace,
Dans un gouffre béant tout armé se jeta.
     Pour sauver son armée,
     Voulant se dévouer,
     L'autre, l'âme alarmée,
     Sut se faire tuer.

Régulus, prisonnier dans les murs de Carthage,
Pour changer les captifs à Rome est envoyé.
Cet accord pour son compte était un avantage,
Le Sénat pour l'avoir eût tout sacrifié.

    Régulus le conjure
    De le laisser partir,
    Certain qu'à la torture
    Il va son corps offrir.

Au milieu de ces preux paraissez, Véturie.
Plus qu'aucun de ceux-là votre cœur a saigné.
Coriolan vainqueur menaçait sa patrie;
Il allait se venger, vous l'avez éloigné[1].

    De Virginie le père
    Par son glaive vengeur
    Termina sa carrière
    Pour lui sauver l'honneur.

Au temps des grands combats de la chevalerie,
Il en est un brillant au milieu des plus beaux,
Qui de nos ennemis prouva la perfidie,
Celui qui vit périr Roland à Roncevaux.

    Des coups de son épée
    La terre il ébranla;

---

[1] On sait que cette retraite fut cause de sa mort.

Et la roche frappée
Près de lui s'écroula.

Lorsqu'après ses malheurs le pays en alarmes,
Conquis par l'étranger, déplorait son destin,
Le Ciel nous envoya, pour essuyer nos larmes,
Et pour chasser l'Anglais, le brave Duguesclin.

Il sauva sa patrie
Du joug de l'étranger,
En consacrant sa vie
Au soin de la venger.

Sous les murs d'Orléans, Jeanne d'Arc, vierge sainte,
Ranima nos guerriers, releva leur valeur;
Dans le cœur des Anglais elle jeta la crainte,
Et porta jusqu'à Reims son étendard vainqueur.

Mais par le sort trahie,
Mise aux mains des Anglais,
Elle perdit la vie
Pour prix de ses hauts faits.

Le chevalier Bayard, sans crainte et sans reproche,
En guidant nos soldats reçoit un coup mortel ;
Bourbon le connétable auprès de lui s'approche,
Voulant le consoler de son destin cruel.

« Vous êtes seul à plaindre,
Lui dit Bayard surpris ;

        Moi, je n'ai rien à craindre,
        Je meurs pour mon pays. »
Un de nos officiers se trouvant d'avant-garde,
Sut s'immortaliser par un noble trépas ;
L'ennemi qui l'entoure et le tient sous sa garde,
Ordonne de se taire au chevalier d'Assas.

        « Auvergne, à la rescousse ! »
        Dit ce brave guerrier.
        Un long soupir il pousse,
        Et c'était le dernier.

De notre beau pays en parcourant les fastes,
On pourrait retrouver mille exemples fameux
De ces grands dévoûments pour quelques jours néfastes
Qui font ombre au tableau de nos temps glorieux.

        Que Dieu veuille à la France,
        Florissante aujourd'hui,
        Donner son assistance
        Et son divin appui !

ODE A L'IMMORTALITÉ.

Potentats, généraux, poëtes, écrivains
Qui voulez arriver au temple de Mémoire,
Songez combien il faut de travaux surhumains
  Pour avoir cette gloire.
Sur tant de prétendants à l'immortalité,
Un seul à peine arrive à saisir la couronne,
Difficile à gagner, que cette déité
  A ses favoris donne.
Pour pouvoir arriver à son trône éclatant,
Et de son rameau d'or s'emparer de la tige,
Il faut de grands efforts, le chemin est glissant,
  Redoutez le vertige.
Le génie est un don accordé par les Cieux,
Qu'ils donnent aux mortels dans leur munificence ;
Si vous voulez goûter à ce fruit précieux,
  Cultivez la science.
Pour un homme il est doux de savoir que son nom
Brillera parmi ceux que la gloire environne ;
Qu'il se couronnera des lauriers d'Apollon,
  Ou de ceux de Bellone.

Mais pour les obtenir que d'ennuis, de tourments
Il faudra supporter ! à conjurer l'envie,
Les persécutions des sots et des méchants,
    Il passera sa vie.
Pour les cœurs généreux quel que soit le labeur,
Quels que soient les malheurs que le Ciel leur envoie,
Voir illustrer leur nom par la gloire et l'honneur,
    Est leur plus grande joie.
Mais que durent vos noms, infortunés mortels,
Que durent les honneurs, la grandeur sur la terre ?
Le temps qui détruit tout renverse vos autels,
    Votre gloire éphémère !
Toi seul ne péris pas, grand Dieu de l'univers !
Toi qui donne aux mortels ta divine assistance,
Qui toujours fais mouvoir tous les astres divers
    Par ta toute-puissance.
C'est un rayon divin, parti de tes hauts lieux,
Qui donne un nouveau cœur, une nouvelle vie
A ceux que tu choisis pour briller à nos yeux
    Par l'éclat du génie.
Levez-vous, grands guerriers, sages législateurs,
Poëtes immortels qui, pendant votre vie,
Fûtes de vos pays les zélés défenseurs,
    L'honneur de la patrie.

Que vos lois, vos écrits et vos combats fameux,
De nos fils amollis relèvent le courage !
Que vos nobles exploits, que vos noms glorieux
        Soient redits d'âge en âge.

Muse, tu sais le nom des auteurs, des guerriers
Qui, de la renommée ayant atteint le faîte,
Ont ceint leurs nobles fronts des immortels lauriers
        Qui couronnent leur tête.

Cite-moi quelques-uns de ces noms glorieux
Qui, sur le sol heureux de notre belle France,
Ont grandi leur pays par leurs écrits fameux
        Ou leur grande vaillance.

Charlemagne apparaît, entouré de ses preux
Et des hommes lettrés qui forment son cortége,
Aussi grand que Bouillon, possesseur des saints lieux,
        Après un fameux siége.

Le premier sut donner au Vicaire de Dieu
Un Etat souverain, la grandeur, la puissance ;
Le second vaillamment sut conquérir le lieu
        Témoin de sa naissance.

Le sage Charles Cinq, grand pacificateur,
Subjugua les partis, et reconquit sa terre ;
Aidé par Duguesclin, il eut l'insigne honneur
        De vaincre l'Angleterre.

Dans le siècle du roi réformateur des arts,
Rabelais, partisan de la philosophie,
Fit briller son bon sens à travers les écarts
    De son vaste génie.
Henri Quatre et Sully, philosophes guerriers,
Ont vaincu les fauteurs de trouble et d'anarchie :
Aux assauts, aux combats ils étaient les premiers
    Pour sauver la patrie.
Après eux, Richelieu de son terrible bras
De l'Espagne et l'Autriche affaiblit la puissance,
Il abaissa les grands qui n'obéissaient pas
    Au souverain de France.
Nous allons bientôt voir briller dans l'univers,
Par un illustre auteur, une phase nouvelle ;
Corneille va gagner par l'éclat de ses vers
    Une gloire immortelle.
Turenne avec éclat sur la scène paraît,
Par d'illustres combats il grandit sa mémoire.
Condé, non moins vaillant, à nos yeux apparaît,
    Aussi lui, plein de gloire.
Louis Quatorze, entouré de ministres fameux,
De généraux joignant la prudence à l'audace,
D'Henri Quatre et saint Louis, ses illustres aïeux,
    A su tenir la place.

Le théâtre français, grâce à nos écrivains,
Favori des deux sœurs Melpomène et Thalie,
Bientôt dépasse ceux des Grecs et des Romains,
      D'Espagne et d'Italie.
Siècle prodigieux, des siècles le géant,
Il t'était réservé, pour l'honneur de la France,
Au plus grand moraliste, au poëte le plus grand,
      De donner la naissance.
Molière d'Apollon sut gagner les faveurs,
Comme le fit aussi le sublime Racine,
Tous deux ont le talent de captiver les cœurs
      Par leur verve divine.
A ces grands écrivains, connus de l'univers,
Tous les hommes de goût accordent leur hommage ;
A tous ceux qui pourront imiter leurs beaux vers,
      Donnons notre suffrage.
Vous qui voulez aller à la postérité,
Et de vous illustrer voulez avoir la gloire,
Travaillez sans relâche, et la célébrité
      Suivra votre mémoire.

DESCRIPTION DES SAISONS.

LE PRINTEMPS.

Salut, printemps chéri, dont l'heureuse influence
Epanouit les cœurs, embellit l'existence
Du rustre en son logis, du riche en son château,
Qu'ils soient encore enfants, qu'ils touchent au tombeau.
Des pauvres animaux tu calmes la souffrance
Par tes produits divers leur donnant l'abondance.
L'oiseau, qui de Phébus désire le réveil,
Fait entendre ses chants au sortir du sommeil.
Le grillon matinal, la fourmi qui se donne
Tant de mal au logis, l'abeille qui bourdonne,
Le vautour dans les airs, le poisson dans les eaux,
Tout célèbre à l'envi tes merveilleux travaux.
Par toi nos prés, nos champs revêtent leur parure,
Et tout se reproduit par toi dans la nature.
Pour chanter Philomèle abandonne son nid,
Tandis que le cheval dans la plaine bondit;
L'agneau suit en bêlant sa mère au pâtnrage,
A côté du bélier et du taureau sauvage.

Bellone à ses guerriers ordonne de s'armer ;

Vénus à tous les cœurs conseille de s'aimer ;

Apollon matinal aux larmes de l'Aurore

Se soustrait pour jouir des doux présents de Flore ;

Cupidon éveillé, son bandeau sur les yeux,

Se fait accompagner par les Ris et les Jeux.

Au son du chalumeau, dansant sur la fougère,

Se dessinent les traits de plus d'une bergère,

Tandis que le vieillard, sa bouteille à la main,

Entonne, en les voyant, son plus joyeux refrain.

Le poëte, en rêvant, vient invoquer sa muse

Dans l'espoir d'imiter le chantre de Vaucluse ;

Comme lui d'Apollon mériter les faveurs

Qui l'ont fait accueillir à la cour des neuf Sœurs.

L'amant songe à sa mie au lever de l'aurore,

Lui prêtant les attraits de la charmante Laure,

Car tout ressent l'amour dans l'aimable saison

Qui nous fait espérer le temps de la moisson.

Ce beau temps de l'été, qui chasse la verdure

Pour jaunir nos guérets et mûrir la pâture

De tous les animaux, réchauffe les zéphyrs,

Et des nécessiteux fait taire les soupirs.

L'ÉTÉ.

Je viens d'apprendre, chère Elise,
Que vous allez, dans peu de temps,
Avec Nestor et Cidalise,
Nous quitter pour courir les champs.
Vous n'habitez la grande ville
Que l'hiver, et l'autre saison
Vous allez danser le quadrille
Sur la fougère ou le gazon.
Voulez-vous aller à Bagnère,
Ou de Vichy prendre les eaux ?
Votre marche est assez légère
Pour voir les sites les plus beaux.
Vous pouvez donc, sans nul crainte,
Aller où bon vous semblera,
Et peu redouter d'être atteinte
Par la fièvre ou le choléra.
Voulez-vous aller à Toulouse
Assister à ses jeux floraux,
Ou bien courir sur la pelouse
Des riants sites de Bordeaux ?

On va, m'a-t-on dit, cette année
Visiter la mer à Pornic,
Ou voir la campagne fanée
De Saint-Nazaire et du Croisic.
De là, vous irez en Champagne,
Où se trouve votre château,
Pour y jouer à la campagne
L'opéra-comique nouveau ;
Mais il n'est pas toujours facile
D'arriver à faire accepter
En ces lieux, ainsi qu'à la ville,
La pièce que l'on veut monter ;
Chacun voudrait le premier rôle,
Car on aime peu le dernier,
Sans jamais aller à l'école,
Nécessaire pour un tel métier.
A la noble et belle comtesse
Il faut un jeune et beau chanteur,
Qui sache exprimer la tendresse,
Et de lui plaire ait le bonheur,
Il devra faire la roulade
Avec son très-faible gosier ;
La mener à la promenade
Quand il faudrait étudier.

Aussi quand la scène est ouverte,
Après avoir bien attendu,
Le bel acteur se déconcerte,
Le souffleur n'est pas entendu.
Notre comtesse, en étourdie,
Réplique à faux sans différer.
On applaudit la comédie,
Et l'on pense à se retirer.
Nous avons vu la fanerie,
Que faut-il faire maintenant ?
La moisson vaut bien la prairie,
Voyons-la, ce sera charmant.
Cérès arme de sa faucille
L'agile main des moissonneurs,
Tandis que des faux l'acier brille
Aux vigoureux bras des faucheurs.
L'épis doré se met en gerbe,
Retenu par un fort lien,
Pendant que, d'une voix acerbe,
La fermière appelle Bastien
Pour aller chercher la charrette
Qui devra conduire au manoir
La moisson qui vient d'être faite
Depuis le matin jusqu'au soir.

Puis réunis à la soirée
Pour le chant on se fait prier :
Le ténor, la voix assurée,
Ecorche un morceau du *Barbier*.
La comtesse, peu retenue,
Par des écarts éblouissants
Fait retentir jusqu'à la nue
De sa voix les éclats perçants.
On applaudit avec ivresse :
Les auditeurs sont ébahis;
Les honneurs sont pour la comtesse,
Qui les reçoit avec mépris,
On vous écoutait en silence,
Jeune et charmante Alexandra,
Quand vous chantiez la romance
Du bien-aimé qui reviendra.
Cependant vous possédez l'âme
Des de Sparre et des Malibran;
Et vous avez en vous la flamme,
Signe certain du vrai talent.
Après tous ces chants vint la danse;
Bien des gens furent se coucher :
J'abandonnai la contredanse
Pour d'Alexandra m'approcher;

J'avais appris que la richesse
N'avait jamais gâté son cœur ;
Je sus lui dire avec tendresse
Qu'en elle était tout mon bonheur.
Elle dépendait de sa mère,
Qui, sachant mon intention,
Toute joyeuse et sans mystère,
Voulut bénir notre union.
Ma future était belle et sage,
Aussi je fus partout fêté
Pour avoir, par ce mariage,
Clos mes plaisirs de cet été.

L'AUTOMNE.

Lorsque du haut de son empire
Le divin Phébus se retire
Dans le signe du Scorpion,
Et nous fait changer de saison,
Nous voyons arriver l'Automne,
Qui donne la main à Pomone
Pour visiter jardins et fleurs
Et goûter leurs douces senteurs.

La saison des bains terminée,
On a la fraîche matinée ;
On se promène encor le soir,
Puis on regagne le manoir
Pour faire la fine partie
Ou bien jouer la comédie,
Si l'on est parvenu d'abord
A mettre les acteurs d'accord.
Tous les hommes sont à la chasse
Pour tirer perdrix et bécasse ;
Et bientôt des chasseurs l'essaim
Va venir criant à la faim.
Les voilà ! bien, la table est mise ;
Du lieu la maîtresse est assise ;
Ils ont fait honneur au repas,
Mais ces messieurs ne restent pas :
Ils vont fumer la cigarette
Sans s'occuper de l'étiquette ;
Et, si l'on parle de danser,
Ils sauront bien s'en dispenser.
Il est pourtant un personnage,
Est-il plus sot, est-il plus sage ?
Qui suit, pendant cette saison,
L'héritière de la maison.

Il n'est pas riche, c'est dommage,
Car, s'il faisait un héritage,
Les possesseurs de ce château
Accepteraient ce damoiseau.
On le traite sans conséquence,
Il est homme de circonstance :
Il devra, suivant la saison,
Surveiller le vin, la moisson ;
Il fait les marchés, les échanges ;
Il va présider aux vendanges,
Et faire tirer le pressoir
Depuis le matin jusqu'au soir.
C'est un plaisir de voir les filles,
La plupart jeunes et gentilles,
Saisir avec dextérité
Les raisins en maturité.
Bacchus est le dieu de la tonne,
Il est le cousin de Pomone,
Tous les deux se donnent la main
Pour inspirer un gai refrain.
Mais j'entends la meute qui donne ;
C'est le bien aller que l'on sonne :
Je vois l'intrépide piqueur
Qui ranime chaque chasseur.

Des cerfs redoutez le mélange,
Et sachez vous garder du change.
Briffaut est un très-bon limier
Qui ne suit jamais un faux pied.
Vous allez manquer votre proie
Si votre cerf rebat sa voie ;
Mais l'animal a débuché
Du bois sans avoir trébuché.
De suivre êtes-vous en mesure ?
Ménagez peu votre monture
Si, connaissant mal les sentiers,
Tous les chemins et les halliers,
Vous avez formé l'entreprise
De rallier avant la prise.
Mais voilà le cerf aux abois
Sans avoir pu gagner le bois.
On va donc faire la curée,
Qui sera de courte durée.
Vous qui pleurez votre moineau,
Ne regardez pas ce tableau.
Après avoir vu les vendanges,
Allons visiter les phalanges
Des colons qui vont recouvrir
Le blé semé pour les nourrir.

Vous voyez au loin l'attelage
Des bœufs lents suivant leur sillage ;
Et des chevaux, sous le harnais,
Qui voiturent tous les engrais.
Pendant que se fait la culture,
Les bestiaux vont à la pâture,
Conduits par le jeune bouvier
Ou par les filles du fermier.
Mais revenons au personnage
Qui devait faire un héritage ;
Il est devenu grand seigneur ;
Il est duc, il est sénateur :
C'est pourquoi son futur beau-père
Et sa future belle-mère
Lui donnent la place d'honneur,
Comme on le doit à tout seigneur ;
On craint qu'il n'ait la fantaisie
De quitter son ancienne amie
Pour aller chez le financier
Dont la fille est à marier.
Tandis que Bacchus et Pomone
Nous quittent en emmenant l'automne,
Faisons nos adieux au hameau
Ainsi qu'aux seigneurs du château.

L'HIVER.

Quand l'automne fuit éplorée,
Nous voyons arriver Borée,
Accompagné par les glaçons
Et suivi par les aquilons.
Les eaux arrivent des montagnes ;
La neige couvre les campagnes ;
L'hiver vient avec son réchaud,
Et la misère sans manteau.
En son coin la vieille grelotte ;
On ne peut sortir sans capote ;
Le vent de décembre est glacé ;
Près du feu chacun est placé.
On quitte le manoir antique,
Les champs et la maison rustique,
Les tourelles du vieux château,
Les sons du joyeux chalumeau
Pour aller habiter la ville,
Et vivre au sein de sa famille,
Avec ses amis, ses parents,
Ses serviteurs et ses enfants.
Des bals on va se mettre en quête ;
On va courir concert et fête :

Le beau sexe ne sait-il pas
Quels sont de Paris les appas ?
Chacun à son tour le caresse,
Pour le distraire l'on s'empresse ;
Les amours, les ris et les jeux
Viennent toujours combler ses vœux.
Avant de voir la comédie,
Les opéras, la tragédie,
Allons soulager le malheur
Et l'ouvrier dans son labeur.
Nous voyons, au sixième étage,
Au milieu d'un pauvre ménage,
La fièvre et la faim approcher
De ceux qu'elles vont rechercher.
Le cœur se brise à cette vue !
Madame, votre âme est émue !
Avant tout donnons-leur du pain,
Si nous avons un cœur humain.
Il est dans les plus hautes sphères
Très-souvent de nobles misères,
Qu'il faut avant tout ménager
Si nous voulons les soulager.
Auprès d'une noble infortune
On voit quelquefois la fortune

Elever le fils d'un baigneur

A l'état du plus grand seigneur

Qui vient de très-beaux titres prendre,

D'un maréchal être le gendre ;

Et, se disant d'un noble sang,

Saura se mettre au premier rang.

Son fils prendra dans les coulisses

L'épouse qui fait ses délices,

Et vous fera par là sentir

Que bon sang ne saurait mentir.

Aujourd'hui que le soleil brille

Pour égayer les champs, la ville,

Profitons de ce joli temps

Pour nous promener à Longchamps.

Nous verrons en bel équipage

Des dames du plus haut parage,

Des piétons, de beaux cavaliers

Galopant sur leurs destriers.

On ne pourra plus voir Mabille

Où l'on danse le gai quadrille,

La scotiche et la masourka,

La valse vive et la polka.

C'est le gai séjour des lorettes,

Des étudiants, des grisettes

Qui s'y donnent des rendez-vous
Après s'être fait les yeux doux.
Il ne sera pas difficile,
En descendant à la Courtille,
D'aller voir l'adroit patineur
Qui du canal suit la longueur.
Nous y verrons, par aventure,
Des pierrots la blanche figure,
Même un patineur de renom
Sur la glace écrivant son nom.
Ou bien, puisque c'est une mode,
Prenons une loge commode
Pour aller voir la Ristori
Qui sait charmer whig et tory.
Aimons-nous la bonne musique,
Visitons l'Opéra-Comique,
Les Italiens, l'Opéra,
Hertz, Pleyel et cætera.
Si vous voulez être à votre aise,
Vous y serez, ne vous déplaise,
Aux Français depuis qu'au tombeau
On a vu porter son flambeau [1].

[1] Rachel.

Ce jour la fière Melpomène
Sans bruit abandonna la scène,
De l'art emportant les secrets,
Et laissant à tous des regrets.
Si vous aimez la tragédie,
Même la haute comédie,
Sur son tombeau versez des pleurs,
Sur son buste mettez des fleurs.
Désirez-vous d'autre musique,
Allez au Théâtre-Lyrique
Entendre Ugalde et Miolan,
Toutes les deux reines du chant.
Pour moi, demain, à la parade,
Je dois prendre, sortant de garde,
Un ami pour le déposer
Chez Blanche qu'il doit épouser.
C'est une veuve aimable et belle,
Des vertus le parfait modèle ;
C'est un ange consolateur
Qui sait compatir au malheur.
Dans un mois j'aurai l'avantage
D'assister à ce mariage
Qui devra combler tous les vœux
De deux cœurs faits pour être heureux.

LE MATIN.

La sombre nuit a détaché ses voiles,
Ses vêtements tout parsemés d'étoiles :
Elle s'endort quand l'aurore, au matin,
Quitte gaîment le palais de Jupin
Pour précéder le char de la lumière,
Que conduira Phébus dans sa carrière
En égayant la terre et les humains
Par la chaleur de ses rayons divins.
Malgré ses ans, Titon voudrait encore
Suivre les pas de la charmante Aurore ;
Mais il ne peut que marcher lentement
Après un cœur qui le fuit constamment.
Apollon suit cette course rapide ;
De fendre l'air ce Dieu paraît avide ;
Il marche vite afin de dépasser
La belle enfant qu'il finit par lasser.
En ce moment, charmante Perpétue,
Sur votre lit mollement étendue,
Vous soupirez pour des colifichets
Qui ne pourraient que nuire à vos attraits ;

Ne pensant guère à l'amant qui vous aime
Par-dessus tout et bien plus que lui-même,
Qui donnerait ses jours pour le bonheur
Inespéré de toucher votre cœur :
Heureux pourtant si, dans son infortune,
Il peut chasser cette idée importune
De votre amour pour quelqu'heureux rival
Qui vous poursuit soit au cours, soit au bal.
Rêvez d'amour, de plaisirs, de toilette,
Pour moi j'entends le chant de l'alouette,
Celui du coq qui, de sa basse-cour,
Fait retentir les échos d'alentour
Pour réveiller toutes les ménagères,
Tous les enfants et toutes les commères
Des environs, les pâtres, les troupeaux,
Les ouvriers qui vont à leurs travaux.
Du beau Zéphir je sens la douce haleine
Lorsque Phébus apparaît dans la plaine.
Sur le sillon je vois le laboureur
Qui, pour jouir du fruit de son labeur,
Le front penché vers cette bonne mère
Que ses enfants ont appelé la terre,
Conduit ses bœufs qui marchent d'un pas lent
Pour arriver lassés au bout du champ.

En ce moment, l'artisan dans la ville
Va préparer, pendant qu'il est tranquille,
Son atelier, un autre son comptoir,
Qui sont ouverts du matin jusqu'au soir,
L'activité dans tous les lieux existe ;
Chez le tailleur, l'élégante modiste,
Le bijoutier et le marchand de vin
Dont le salon n'est pas ouvert en vain,
Car les buveurs, très-souvent en cachette,
Y font entrer le châle et la cornette.
Mais maintenant que le brillant soleil
S'élève aux cieux pendant votre réveil,
Je vais quitter mes beaux champs, l'âme émue,
Pour vous revoir, aimable Perpétue,
Daignerez-vous me transporter aux cieux
Par un regard de vos doux et beaux yeux ?
Et, pour payer de mes feux la constance
Et mettre un terme à ma longue souffrance,
Daignerez-vous accueillir en ce jour
Les vœux formés par le plus tendre amour ?

LE SOIR.

Phébus a parcouru son immense carrière
En donnant aux humains sa féconde lumière ;
Par leur maître guidés ses coursiers écumants
Annoncent leur retour par leurs hennissements.
La fraîcheur et Vesper viennent prendre la place
Que le brillant soleil occupait dans l'espace :
Le soir est arrivé, respirant les senteurs
Qu'il reçoit en tribut des jardins et des fleurs.
C'est le plus beau moment pour goûter tous les charmes
D'une douce union sans crainte et sans alarmes.
Pour les tendres amants c'est l'heure des rendez-vous
Loin des esprits méchants, en dépit des jaloux.
A cette heure du jour Jupiter infidèle
Se métamorphosait pour tromper une belle ;
Mars ainsi qu'Apollon et tous les autres dieux
Ont trop souvent suivi cet exemple odieux.
L'amant jaloux qui voit sa maîtresse rebelle
Surveille le rival qu'il suppose aimé d'elle ;
Mais celui qui ressent un amour partagé
Ne craint pas le malheur de se voir outragé.

C'est aussi le moment après lequel soupire
L'ouvrier pour jouir du repos qu'il désire,
Tandis qu'on voit l'été, quand arrive le soir,
Les joyeux moissonneurs revenir pleins d'espoir
Auprès de leurs parents, restés seuls au village,
Qu'ils charment par leurs chants et leur bruyant langage.
Quand le raisin est mûr, on voit aussi, le soir,
Les riants vendangeurs arriver au pressoir
Afin de pressurer par leur soin et leur veille
Le nectar de Bacchus, le doux jus de la treille
Sortant de fruits dorés pressés en un monceau
Pour aller aussitôt bouillir dans le tonneau.
Alors le bûcheron, tout couvert de ramée,
Regagne lentement sa chaumière enfumée,
Heureux de retrouver son paisible manoir,
Ses enfants bien-aimés, sa femme et son pain noir.
Le jour voit le pêcheur, sur sa liquide plaine,
Pour remplir ses filets retenir son haleine ;
Mais, dès que le soleil a fui de l'horizon,
Il retourne sa barque et gagne la maison.
Pendant le gai printemps, après la fanerie,
Les jeunes villageois dansent sur la prairie
Tandis que dans la ville on court bals et concerts,
Opéra, comédie et spectacles divers ;

Mais, si les partisans des plaisirs de la vie
Sont les adorateurs de Comus, de Thalie,
Il est des hommes purs, des cœurs vraiment chrétiens
Qui goûtent les douceurs de pieux entretiens ;
De la religion qui suivent les pratiques
Et s'unissent entre eux pour chanter des cantiques.
C'est,avec de tels gens, c'est en de pareils lieux
Que j'ai pu contempler vos doux et jolis yeux,
Charmante et belle Esther ! vous qui, constante et sage,
Cultivez la vertu depuis votre jeune âge ;
Qui, dans tous les instants, vous faites un bonheur
D'aller à pas pressés au-devant du malheur ;
Et savez vous servir des dons de la fortune
Pour des êtres souffrants soulager l'infortune.
Que je serais heureux si l'arrêt du destin
Me faisait obtenir le don de votre main !
Si j'avais ce bonheur, je passerais ma vie
Toujours auprès de vous ! votre image chérie,
Votre douce candeur et vos traits radieux
Donneraient à mon cœur un avant-goût des cieux.

L'EXILÉ,

SOUVENIR COMPOSÉ PENDANT L'ANARCHIE DE 1848.

A tous les bons Français que la patrie est chère,
Et qu'il est douloureux, sur la terre étrangère,
D'avoir à regretter le glorieux séjour
D'un pays qui vous eût donné tout son amour
Si, par la trahison et par la calomnie,
On n'eût pas exilé nos rois de leur patrie.
O vous, pour qui mes vers voudraient prendre l'essor,
Daignerez-vous m'entendre, ô vertueux Chambord !
A de si faibles chants, à ma muse plaintive,
Daignerez-vous prêter une oreille attentive !
Très-noble est le sujet ; et jamais le pinceau
Ne pourra retracer un aussi beau tableau
Que celui d'un bon prince à qui jamais l'injure
N'a pu de son cœur pur appeler le murmure ;
Que celui des vertus du digne rejeton
D'une aussi grande race et d'un aussi beau nom.
Grand Dieu ! si, pour punir les crimes d'une terre
Fatale aux innocents, dans ta juste colère

Tu voulus nous priver du prince de Berri,
Daigne garder les jours de son enfant chéri !
Donne-lui des héros l'auréole de gloire
Que souvent on obtient bien moins par la victoire
Que par le grand talent de gouverner les cœurs
Qui se peut acquérir en les rendant meilleurs.
Mais où va m'égarer mon amour pour la France
Qui me fait accepter une vaine espérance
Pour la réalité ; pour un présent des Cieux
Qu'on ne peut espérer dans ce temps malheureux,
Car n'avons-nous pas vu notre chère patrie
Préférer, de nos jours, les maux de l'anarchie
Au bonheur qu'elle perdit de respirer quinze ans
Sous le sceptre si doux de ses rois bienfaisants ?
Clio, dis-moi comment du sein de l'abondance
Elle a pu se jeter dans l'affreuse souffrance
Des combats inhumains, des révolutions
Qui toujours font saigner le cœur des nations !
Lorsque, pour son malheur et celui de la France,
Le héros dont l'Europe admira la vaillance,
Ayant de nous sauver perdu le noble espoir,
Trahi par un des siens, abdiqua le pouvoir,
Et quand, par ses revers, ce conquérant du monde
Eut réduit le pays à la douleur profonde

De se voir abattu, vaincu par l'étranger
Qui voulait l'asservir, même le partager ;
Lorsque Paris en deuil se livrait aux alarmes,
Et que de ses enfants les yeux versaient des larmes,
Les meilleurs citoyens, redoutant ces affronts,
Firent soudain le vœu d'appeler les Bourbons.
Je les vois arriver : partout sur leur passage
Les cœurs volaient vers eux ; pur et parfait hommage.
Qu'on rend à la naissance, et tribut précieux
Qu'accorde à la vertu tout cœur né généreux.
Nous étions trop heureux quand l'enfer en furie
Envoya ses suppôts : l'affreuse calomnie,
La discorde en fureur, qui, la torche à la main,
De son propre pays voudrait percer le sein.
La révolution, levant enfin la tête,
A combattre son roi toujours se trouva prête,
Accusant méchamment ses zélés défenseurs,
Et pour des scélérats donnant ses serviteurs.
Bientôt de nos débats le triste sanctuaire
Pour la défection ne fut plus qu'une chaire.
En invoquant ses droits, la révolution
Entraîna nos tribuns à la rébellion.
Le pouvoir, redoutant le parti populaire,
Voulut avoir recours au parti militaire

Toujours brave et toujours rempli de loyauté,
Mais souvent combattu par la déloyauté.
Hélas! une partie, alors trop alarmée,
Des hommes dévoués avait quitté l'armée!
Cependant il restait de braves généraux
Justement renommés par de brillants travaux,
Par un long dévoûment, et surtout par leur zèle
A défendre le roi contre un parti rebelle.
On avait à choisir pour un aussi grand duel
Clermont-Tonner, Victor, Regio, Canuel.
Un de ces bons guerriers eût été l'espérance
De tous les vrais amis de notre belle France.
Polignac, enchanté de remplacer Bourmont,
Osa faire le choix du très-douteux Marmont,
Dont l'étoile affaiblie et toujours malheureuse
Ne pouvait lui donner qu'une aide périlleuse.
Ce même Polignac, pourtant homme de bien,
Avait, pour son malheur, fait cesser tout lien
Avec Labourdonnaie et son autre confrère
Qui pouvaient soutenir son faible ministère.
Fatal aveuglement qui laisse assez prévoir
Qu'on ne peut maintenir fort et faible au pouvoir.
Cependant à Paris chacun lit l'ordonnance
Qui devait décider du destin de la France.

Des cris séditieux, lancés dans le lointain,

De la plaine de l'air viennent percer le sein.

Les femmes des faubourgs, les enfants, les malades

Prêtent leurs faibles bras pour faire des barricades.

De l'airain qui frémit le peuple entend le son,

Et chaque citoyen tremble pour sa maison.

La garde avec ardeur au feu se précipite ;

Et malheur à tous ceux que ces hommes d'élite

Rencontrent devant eux. La ligne a même ardeur,

Mais armée on la laisse en butte, par malheur,

Aux dangereux avis, aux caresses perfides

D'un peuple révolté, de groupes homicides.

On dit, était-ce oubli ? peut-être trahison ?

Que le soldat n'a plus ni de pain, ni de plomb.

Dans un pareil moment, le duc de Raguse,

Loin de vouloir charger l'ennemi qui l'abuse,

Quand de ne pas combattre est le plus grand danger,

Veut un arrangement au lieu de s'engager :

Avec les conjurés longuement il s'explique.

Tous veulent qu'à l'instant le souverain abdique ;

A son malheureux sort le roi s'est résigné,

Le trône est abattu, Charles Dix a régné.

Ainsi d'un si bon roi tomba le diadème ;

Mais il a pu se dire en ce moment suprême :

« Peuple ingrat, que toujours j'ai voulu soulager,
Je te laisse en partant la conquête d'Alger. »
Comme tous vos parents, poussé par la tempête
Sous laquelle il fallut alors courber la tête,
Vous dûtes du pays renoncer au séjour,
Prince digne du trône et de tout notre amour !
Si vous avez trouvé sur la terre étrangère
Un accueil bienveillant et le cœur d'une mère
Pour charmer vos ennuis, vous faire résigner
A vivre loin des lieux où vous dûtes régner ;
Songez que vous avez encor des cœurs fidèles
Qui, restant séparés des factions rebelles,
D'un passé glorieux ont des regrets cuisants,
Et font pour l'exilé les vœux les plus ardents !

   En exprimant, il y a douze années,
   Ce sentiment par l'exil inspiré,
   Aurais-je alors cru que les destinées
   Ramèneraient un empire expiré ;
   Que du destin du beau pays de France,
   Par le malheur si longtemps éprouvé,
   Napoléon deviendrait l'espérance,
   Et pour son chef se verrait approuvé ?
   Aujourd'hui donc que tout Français respire
   Sous son égide, et par son bras vainqueur,

Exprimons-lui l'espoir qu'il nous inspire
De protéger en tout temps le malheur ;
De rendre à tous une entière justice ;
Et, dans son cœur, de savoir estimer
Ceux que le sort, dans son cruel caprice,
Force souvent à ne pouvoir aimer.
Nous connaissons ta divine indulgence ;
Et nous savons, ô Napoléon Trois !
Que ta vertu, ta sage intelligence
Sont le soutien des peuples et des rois.

LA VICTOIRE,

MÉDITATION.

Lorsque le Ciel créa la brillante victoire,
Il lui donna pour sœurs la vaillance et la gloire ;
Pour soutien le devoir, les lauriers et l'honneur,
Qui savent exciter des guerriers la valeur.
A son ordre il soumit l'agile renommée
Prompte comme le vent, au bruit accoutumée,

Qui parcourt à l'instant vingt pays à la fois
Pour proclamer son nom et pour dicter ses lois.
Des peuples et des rois telle est la destinée,
Qu'il leur faut, abattus, la tête prosternée,
Subir la dure loi d'un ennemi vainqueur
Qui jouit de leur angoisse et rit de leur malheur.
Ce vainqueur, qui savoure une indicible joie,
Ne les écoute pas ; à la fureur en proie,
Il les laisse languir dans un triste abandon,
Et dit : Je ne veux pas accorder de pardon.
Sur les ailes du vent la victoire se penche
Pour parcourir l'espace, et, comme une avalanche,
Tomber soudainement sur de tristes pays
Que ne défendent pas leurs enfants interdits.
De son pied dédaigneux elle foule la terre,
Jusqu'au séjour des Dieux porte sa tête altière,
Méprisant en son cœur les malheureux mortels
Qui, pour la mieux flatter, lui dressent des autels.
Autrefois on a vu le vainqueur de l'Asie
Abandonner foyers, parents, amis, patrie,
Pour mener ses guerriers en des pays lointains ;
Et, dans son fol orgueil, dompter tous les humains !
Ce héros si vanté que l'univers renomme
Voulut devenir Dieu, rougissant du nom d'homme :

A sa mère indignée il mit la honte au front,
De renier son père en lui faisant l'affront.
De mépriser les siens cette indigne faiblesse
Des cœurs remplis d'orgueil met à nu la bassesse ;
Et l'on voit plus d'un fils qui veut changer son nom,
Quoique rempli d'honneur, pour avoir un blason.
D'autres grands conquérants ônt, dans notre hémisphère,
Répandu leur fureur et ravagé la terre ;
De puissants souverains, Attila, Tamerlan,
Bajazet, Genseric, ainsi que Gengis-Kan,
Ont tous au loin porté les malheurs de la guerre,
Imitant les fléaux des autans, du tonnerre
Envoyés par l'enfer, sans que jamais leur cœur
D'un généreux pardon ait connu la douceur.
Cette victoire-là n'est pas celle que j'aime ;
Mais celle du guerrier qui, vainqueur de lui-même,
Consent à relever l'adversaire abattu,
Et se fait estimer bien plus par sa vertu
Que par l'éclat brillant de sa toute-puissance
Et la vaine grandeur que le vulgaire encense.
Tel se montra César devenu souverain,
D'un grand guerrier vainqueur, maître du genre humain.
Il repoussa les lois que prescrit la vengeance
Pour toujours écouter la voix de la clémence.

Dans ces temps de partis, trop heureux les Romains
Si leur sort fût resté dans de si dignes mains !
Mais le faible Sénat, ayant eu la pensée
De faire refleurir sa puissance passée,
Chacun, comme à l'envi, se fit conspirateur,
Et de frapper César chercha le triste honneur.
Ce grand homme en mourant se voila le visage
Pour le soustraire au moins à leur aveugle rage,
Voulant à cet instant n'opposer à leurs coups
Qu'un cœur plein de fierté, de son honneur jaloux.
Ainsi périt au sein d'une ingrate patrie
Celui dont les hauts faits et le rare génie
Ont porté jusqu'aux cieux la gloire des Romains
Qui plus tard l'ont nommé le plus grand des humains.
Depuis, d'autres guerriers, renommés dans l'histoire,
Comme ce conquérant se sont couverts de gloire
Pour avoir soutenu de glorieux combats
Qui vengeaient leur pays ou sauvaient leurs Etats.
De nos jours un grand prince a prouvé que ses armes
Pouvaient porter au loin la crainte et les alarmes
Pour défendre ses droits sans que jamais son cœur
Ait oublié la loi de clémence et d'honneur,
Qui de tout souverain, doué d'un vrai mérite,
Doit diriger l'esprit et tracer la conduite.

En ces temps, on a vu qu'il prenait part au sort
D'un prince malheureux, du comte de Chambord,
En rendant à ses droits une entière justice,
Pour lui faire éviter des procès le caprice.
De sa sœur, exposée à de nouveaux malheurs,
Son cœur fera cesser les chagrins et les pleurs ;
Prouvant aux nations que sa main tutélaire
De tous les innocents protége la misère,
Rend égale justice au faible comme au fort,
Qu'il préserve tous deux des caprices du sort.
Comme l'aigle qui plane au milieu de la plaine,
Elevé dans les airs, la grandeur souveraine
Du vaillant Empereur plane sur l'univers
Pour soutenir les droits de ses peuples divers.
Bénissons donc en chœur la célèbre victoire
Qui vient, par son éclat, de rehausser sa gloire ;
Espérons que le Ciel, juge des souverains,
Voudra le protéger dans ses justes desseins.

ÉPITRES.

A M. ALPHONSE HAWARD.

CHER MONSIEUR,

L'homme cherche à trouver la source du génie,
        Comparable à l'éclair
Qui, né subitement dans les cieux, sa patrie,
        Fend la plaine de l'air.
Est-il le feu sacré que voulut Prométhée
        Ravir aux immortels?
Ou bien est-il le fruit de la vaste pensée
        De nos plus grands mortels ?
Quel que soit à nos yeux le lieu de sa naissance,
        Dans les pays divers
Il brille avec éclat, et sa toute-puissance
        Règne dans l'univers.
C'est lui qui sut créer dans la Grèce et dans Rome
        Les sciences, les arts ;
Et qui sut préparer par les hauts faits d'un homme
        Le règne des Césars.

Il a renouvelé, du temps de Charlemagne,
    L'empire d'Occident,
Que ce grand souverain de France et d'Allemagne
    A rendu si puissant.
De François, de Louis et du grand Henri Quatre,
    Toujours au champ d'honneur
Se montrant les premiers dès qu'il fallait combattre,
    Il a formé le cœur.
Quand Homère dictait l'immortelle Iliade,
    Il prenait à propos
Le burin qui traçait cette belle pléiade
    De rois et de héros.
C'est lui qui sut former, à la cour étonnée
    Du second des Césars,
Le satirique Horace et le chantre d'Enée,
    Ces maîtres des beaux-arts.
Quand plus tard il quitta des Romains la patrie
    Pour un pays nouveau,
Il inspira Corneille et l'auteur d'*Athalie*,
    Molière et Boileau.
Pour finir cette épître en parlant du génie,
    Si nous cherchons un nom,
Nous trouverons celui du vainqueur d'Italie,
    Du grand Napoléon.

Mais si ce feu divin n'est donné qu'aux grands hommes,
  Je n'en suis pas jaloux,
Car le bonheur pour moi, dans ce monde où nous sommes,
  Est d'être aimé de vous.

A UNE AMIE D'ENFANCE.

Depuis un si longtemps, six ans, ma chère amie,
  Que je ne vous vois plus,
Je ne peux pas compter de beaux jours dans ma vie ;
  Tous mes vœux sont déçus.
De cette longue, absurde et pénible contrainte
  Voulez-vous m'affranchir,
Ou de votre amitié la flamme étant éteinte,
  Ne puis-je vous fléchir ?
Il est pourtant si doux, près de celle qu'on aime,
  De répandre ses pleurs,
De verser dans son sein ou son bonheur suprême
  Ou ses vives douleurs.
Pour moi qui pense à vous dès que paraît l'aurore,
  Et la nuit et le jour,
Jeune, je vous aimais, et je vous aime encore
  D'un pur et saint amour.

Si Dieu, pour que j'obtienne encor quelques années,
    M'accorde son secours,
Je formerai le vœu qu'elles me soient données
    Pour embellir vos jours,
Je n'envierais alors de nos plus grands monarques
    Ni l'or, ni la grandeur,
Et, content de mon sort, je supplierais les Parques
    D'épargner mon bonheur.

A M. MOUTACES-DESILES

A L'OCCASION D'UNE INVITATION A DINER.

Vous qui savez passer des jeux de la folie
Aux austères travaux de la philosophie,
Souffrez que je vous loue, aimable amphitryon,
Sans pourtant invoquer la lyre d'Amphion,
Et sans vouloir goûter de l'eau de l'Hippocrène
Que Pégase, en courroux, fit couler dans la plaine
En frappant l'Hélicon de son pied acéré,
Pour étancher la soif du poëte altéré,
Car les Muses souvent sont pleines de caprices,
Veulent de leurs flatteurs de trop grands sacrifices,

Sans leur donner jamais, pour leurs soins assidus,
Les lauriers immortels au seul mérite dus.
Satisfait des bienfaits de la simple nature,
Mon esprit ne veut pas se mettre à la torture ;
Sans donc prétendre en rien au talent de rimeur,
Je vais votre portrait tracer en amateur :
Ami franc et loyal, affable dans le monde,
Votre esprit est orné, votre raison profonde,
Car on vous voit unir à l'extrême bonté
Les charmes attrayants d'une aimable gaîté
Que vous savez garder, sans nulle impatience,
Pour supporter la goutte ou toute autre souffrance,
Sans que jamais le mal ait aigri votre cœur
Qui montre son courage à braver la douleur.
Erudit en tout point, et voulant toujours plaire,
Vous possédez à fond le talent culinaire,
Et je suis convaincu que vous allez, ce soir,
Par un dîner parfait prouver votre savoir.

A Mlle CLÉMENTINE DE BEAUREGARD.

Heureux qui, loin des cours et des grands de la terre,
    Satisfait de son sort,
Sans jamais envier une gloire éphémère
    Se réveille et s'endort.
Il ne craint pas les coups de l'injuste fortune
    Et les malheurs divers
Qui jettent les puissants souvent dans l'infortune
    Par de cruels revers.
Il peut, dans ses loisirs, se livrer à l'étude
    De la science et des arts.
Sans crainte des soucis et de l'inquiétude,
    Compagne des Césars.
Il peut, en imitant votre bonté divine,
    Offrir aux malheureux
Ce que vous leur donnez, aimable Clémentine,
    Des soins affectueux.
Il peut, comme nous deux, sans offenser personne,
    Nous mettant de moitié,
Cultiver ce trésor que le bon Dieu nous donne,
    Celui de l'amitié.

Ce tendre sentiment, sans exciter l'envie,
    Elève notre cœur,
Il sème à pleines mains des fleurs sur notre vie,
    Et fait notre bonheur.

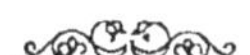

HISTORIQUE

DE LA SŒUR DE CHARITÉ.

Toi qui pour nous sauver as voulu, sur la terre,
Livrer à des bourreaux ta personne si chère,
Tu peux seul inspirer aux sœurs de charité
Leur zèle et leur amour envers l'humanité.
Tu fais naître en leur cœur, par ta grâce ineffable,
Le noble dévouement dont ta vie adorable
Est l'exemple parfait qui leur fait accepter
La peine et le travail si durs à supporter.
C'est ton secours, grand Dieu ! qu'il faut à tous les hommes
Pour diriger leurs pas, car, faibles que nous sommes,
Nous courons au malheur, si nous marchons sans toi
Et voulons nous soustraire à ta divine loi !

Daigne donc, ô mon Dieu, répandre dans mon âme
Par ton pouvoir divin l'ardente et pure flamme,
De l'esprit de tes saints attribut glorieux,
Qu'il faut pour retracer les actes généreux
De ces célestes sœurs ressemblant à des anges
Qui, serrant chaque jour leurs nombreuses phalanges,
Ont, depuis plus d'un siècle, en la chrétienté
Fait bénir leur doux nom, leur parfaite bonté.
Ce fut à Châtillon, auprès des Pyrénées,
Que saint Vincent de Paul, dans ses jeunes années,
Forma, par le secours des seigneurs de Gondi,
Une société qui depuis a grandi,
Ayant pour mission d'aller dans la chaumière
Du pauvre qui gémit soulager la misère ;
Visiter le malade et donner tous les jours
A l'artisan sans pain de précieux secours.
Semblable au sénevé, la sainte confrérie
Couvrit en peu de temps le sol de la patrie,
Parvint à s'établir au Nord à l'Occident
Par les soins du pieux, de l'humble saint Vincent
Qui, chaque jour, après avoir fait sa tournée,
Disait comme Titus : J'ai perdu ma journée !
S'il avait parcouru tout l'espace du jour
Sans au pauvre avoir pu prouver son saint amour.

Cet homme aimé de Dieu, que l'univers admire,
Qui sut dans tous les cœurs établir son empire,
Sous Louis Treize fonda, par pure humanité,
A Paris, la maison des sœurs de charité.
Il eut recours à vous, illustre et sainte femme,
Qui portâtes toujours le prochain dans votre âme,
Il sut vous inspirer, vertueuse Legras [1],
L'impérieux désir de marcher sur ses pas,
Il vous associa pour son œuvre adorable
Une femme au cœur d'or dont la vie admirable
Edifia Paris, ses habitants nombreux,
Qui bénissaient son nom et son cœur généreux [2].
Semblable au frais ruisseau sorti d'une fontaine,
Dont l'eau, coulant sans bruit, vient arroser la plaine,
Mais qui, plus loin, gonflé par d'abondantes eaux ;
Va rejoindre la mer pour s'unir à ses flots,
L'OEuvre de saint Vincent, en résultats féconde,
Par ses nombreux succès vint étonner le monde ;
Et cette OEuvre depuis a brillé dans l'Etat
Par ses bienfaits sans nombre avec un vif éclat.
Si justement l'histoire en ses fastes renomme
Les hauts faits du guerrier, les vertus du grand homme,

---

[1] Sœur du maréchal de Marillac.
[2] Mme de Gondi.

N'est-ce pas un devoir de dire votre nom,

Vilneuve, Traversai, duchesse d'Aiguillon !

Qui, l'esprit éclairé par de saintes lumières,

Sur les pas de Vincent marchâtes les premières,

Voulant par vos efforts, vos soins réitérés,

Seconder ses desseins par le Ciel inspirés.

Ce grain semé par vous dans des terres fertiles

D'abondantes moissons vint enrichir nos villes,

Heureuses dans leur sein de pouvoir recueillir

Le pauvre, le guerrier tout prêts à défaillir.

Vous sûtes attirer, vertueuse Marie [1],

Nos bienfaisantes sœurs dans la Lithuanie

Avec l'assentiment de votre auguste époux [2],

Satisfait de répondre à vos vœux les plus doux ;

Vous eûtes tous les deux l'inestimable gloire,

Qui surpasse à mes yeux la plus grande victoire,

De former, inspirés par la saine raison,

Des filles de Vincent une sainte maison ;

De ces anges du ciel descendus sur la terre

Pour secourir le pauvre, adoucir sa misère,

Qui, pour plaire au Seigneur, avec humilité

Font vœu d'obéissance et vœu de pauvreté ;

[1] Marie de Gonzague, reine de Pologne.
[2] Jean-Casimir, élevé au trône en 1648.

6

Font de leur existence un entier sacrifice

Pour prôner la vertu, pour combattre le vice ;

Evitent des plaisirs l'appât toujours trompeur

En suivant les conseils donnés par le Seigneur.

Pour accomplir sa loi, la sœur hospitalière

Sacrifie au prochain son existence entière ;

Quitte sans hésiter ses amis, ses parents,

Voulant aux malheureux donner tous ses instants ;

Et, le cœur pénétré d'une pitié sincère,

Des pauvres orphelins elle devient la mère

Comme elle est le soutien du vieillard indigent

Qui reste en son foyer sans pain, sans vêtement.

Soumise au Tout-Puissant qui gouverne le monde,

Elle sait admirer sa sagesse profonde

Avec un vif amour sans vouloir découvrir

Le mystère éternel dont il veut se couvrir.

Sans jamais négliger les pratiques chrétiennes,

Elle vient au secours des misères humaines :

Tantôt vers la chaumière elle porte ses pas

Pour panser le blessé qui gît sur son grabas ;

Tantôt, auprès du riche au sein de l'abondance,

Elle va pour calmer sa fièvre et sa souffrance,

Car l'or et la grandeur ne le préservent pas

Des humaines douleurs ainsi que du trépas.

Mais, bien loin de passer votre innocente vie
Dans ces paisibles soins, au sein de la patrie,
Des voyages lointains vous bravez le danger,
Nobles sœurs ! lorsqu'il est des maux à soulager.
Sans redouter le fer, le canon, la mitraille,
Vous avez maintes fois, sur les champs de bataille,
Avec ardeur couru pour soigner nos soldats
Qui revenaient blessés de leurs sanglants combats.
Vous vîtes autrefois ces batailles fameuses
Qui même de nos jours paraissent fabuleuses :
Les Dunes, Sens, Fribourg, Cassel, Fleurus, Rocroi,
La Marsaille, Denain, Stinkerque, Fontenoi
Que gagnèrent jadis par valeur surhumaine
Catinat, Luxembourg, Villars, Condé, Turenne,
Faits d'armes renommés, brillantes actions
Que savent admirer toutes les nations.
Vous avez aussi vu les combats pleins de gloire,
Dignes de figurer à jamais dans l'histoire,
Et qui dans l'univers font retentir le nom
Du beau pays de France et de Napoléon.
Si par tant de hauts faits vous fûtes admirées
Dans les siècles derniers, et partout honorées,
Vous n'avez point failli dans des temps plus nouveaux
A votre mission, à vos anciens travaux.

Naguère vous avez aux plaines de Crimée,
Pour accorder vos soins, accompagné l'armée,
Sans qu'un si long trajet, la crainte des frimas
Ainsi que du danger aient arrêté vos pas.
Vous avez parcouru ces lointaines contrées
Par nos fiers bataillons maintenant illustrées ;
Et vos noms en ces lieux paraissent aussi beaux
Que ceux de Pélissier, Canrobert, Saint-Arnaud.

Parmi ces nobles sœurs par la France honorées,
Tout Paris a pleuré, ces dernières années,
Celle qui si longtemps, au faubourg Saint-Marceau,
Avec tant de sagesse a conduit son troupeau.
Je veux parler ici de la sœur Rosalie,
Dont nous admirons tous la bienfaisante vie.
Dieu, qui pour se servir d'elle avait fait le choix,
Avait formé son cœur pour entendre sa voix.
Elle était tout enfant alors que la patrie
Par ses fils révoltés se trouvait asservie.
Ce fut après la mort du farouche Marat,
De Danton, quelque temps avant le Consulat,
Qu'elle put à son Dieu donner son âme entière,
Et de Vincent de Paul arborer la bannière.
On la vit, en hiver, au faubourg Saint-Marceau,
Semblable à saint Martin partageant son manteau,

Donner aux malheureux la seule couverture
Qui pouvait de ses nuits garantir la froidure,
Et céder, de grand cœur, son seul vêtement,
Pour préserver du froid un jeune et pauvre enfant.
Celui qui par son ordre a fait tourner la terre,
Qui, du plus haut des cieux fait gronder le tonnerre,
Pour nous édifier, peut seul, quand il le veut,
Former à son image un cœur si généreux.

    Quand des sœurs de son ordre elle fut supérieure,
Au service de tous elle était à toute heure,
Disant que Dieu voulait d'elle faire un pilier
Sur lequel, en tout temps, chacun pût s'appuyer.
Sa modeste maison, jusque-là solitaire,
Devint par ses vertus un noble sanctuaire,
Où princes, généraux, ministres et prélats,
Pour visiter la sœur venaient porter leurs pas,
Sûrs de trouver en elle une main tutélaire,
Qu'elle offrait au puissant ainsi qu'au prolétaire,
Quoique son cœur humain, sensible et généreux,
Au riche préférât toujours le malheureux.
Pendant le triste temps de la guerre civile,
Quand la révolte était maîtresse de la ville,
Elle sauva les jours d'un malheureux guerrier
Que l'émeute en fureur voulait sacrifier,

6.

Lui faisant un rempart de sa noble poitrine
Qu'elle exposait au fer de la troupe assassine
Qui s'arrêta voyant la sensibilité
Unie à tant de cœur et d'intrépidité.
De si grandes vertus, un si beau caractère
Qui la faisaient aimer partout comme une mère,
Lui valurent la croix de la Légion d'honneur
Qu'un grand prince plaça lui-même sur son cœur ;
Mais ce cœur vertueux, rempli de modestie,
Ayant abandonné les gloires de la vie,
Accepta ce bienfait, content de mériter
Ce signe de l'honneur, sans vouloir le porter.
Si de son ordre saint, cette femme accomplie
A, par les actions d'une aussi belle vie,
Su rehausser le nom, sœur Marthe eut le bonheur,
Pour servir son pays, de montrer même cœur ;
Elle a, par ses travaux et par sa vie entière,
Dans ce monde brillé d'une vive lumière,
Comme un phare allumé brille au milieu des flots
Pour éclairer la mer et guider les vaisseaux.
Sur les pas de ces sœurs, par la gloire illustrées,
Dont le nom retentit dans toutes nos contrées,
D'autres sœurs ont marché, pleines d'humanité,
Dans le même sentier avec humilité,

Et toutes, dans le sein des paisibles asiles
Que des cœurs généreux ont fondés dans les villes,
Ont fait dans tous les temps remarquer leur ardeur
Pour marcher à grands pas au-devant du malheur.
Pour finir le portrait de ces femmes sublimes,
D'une douceur d'agneau, mais toujours magnanimes,
Disons que l'espérance accompagne leurs pas,
Et que la charité les suit jusqu'au trépas.

ÉLÉGIE

ADRESSÉE A MON BEAU-FRÈRE, M.. HUBERT.

Grand Dieu du ciel, si tu veux sur la terre
De tous nos cœurs obtenir la prière,
Daigne envoyer ta bienheureuse foi
Qui sait ranger les hommes sous ta loi.
Pour supporter les malheurs de la vie,
Les rêves creux de la philosophie
Sont impuissants; ce sont tes dogmes saints
Qui peuvent seuls diriger les humains,

C'est par ta loi, ta sagesse profonde
Qu'ici tout vit, que se régit le monde.
Pour t'expliquer le penseur impuissant,
Autour de lui n'entrevoit que néant.
Sans espérer de percer le mystère
Qui te dérobe à nos yeux sur la terre,
Prosternons-nous devant l'immensité
Des attributs de ta divinité.
De ton pouvoir pour nous impénétrable,
Reconnaissant la justice adorable,
Auprès de toi je viens me prosterner
Pour qu'aujourd'hui tu daignes me donner
Des sentiments dignes de cette femme
Qui sut toujours conserver en son âme
Croyance entière en tous tes sacrements,
Et confiance en tes enseignements ;
Je veux parler de ma sœur, mon amie,
Qui, jeune encore, a quitté cette vie,
Laissant un frère, un époux désolés,
Et deux enfants désormais isolés.
En son jeune âge elle était grande et belle,
Et des vertus le plus parfait modèle.
On admirait de son teint la fraîcheur ;
De ses yeux bleus on aimait la douceur.

Je dirigeai les pas de son enfance,
Je fus l'ami de son adolescence,
Le compagnon de ses amusements
Que protégeaient nos bien-aimés parents.
Sa mère était sa bonne et tendre amie,
Elles vivaient d'une commune vie,
Soit qu'il fallût aller danser au bal
Ou visiter le pauvre à l'hôpital.
Aux dogmes saints leur cœur était fidèle
Sans imiter le fanatique zèle
Des faux dévots qui, dans leur folle ardeur,
Loin d'imiter les leçons du Sauveur,
Condamnent tout, et, par leur calomnie,
Font détester tous les biens de la vie
Que, par bonté, le Ciel nous a donnés
Pour que nos jours soient toujours fortunés.
Tant pour blâmer ce que fait tout le monde,
Et ce qu'il dit, leur malice est profonde.
Des sentiments d'une telle noirceur
Etaient bien loin d'être ceux de ma sœur.
Son cœur si pur était celui d'un ange
Qui pour le bien ne prit jamais le change :
On admirait sa pudique candeur ;
Avec les siens sa parfaite douceur ;

Son caractère aussi simple qu'affable
Et sa belle âme au pauvre secourable.
Lorsque l'hymen, allumant son flambeau,
Vint lui donner un sentiment nouveau,
Toujours fidèle à ses devoirs d'épouse,
De les remplir elle parut jalouse ;
Et lorsque Dieu lui fit don d'un enfant,
Pour le sauver elle eût donné son sang.
C'est par l'emploi de ses devoirs de mère
Qu'elle a sitôt terminé sa carrière ;
C'est par les soins donnés à ses enfants
Qu'on l'a perdue à la fleur de ses ans.

 Ouvrez-lui le séjour des anges,
 Des chérubins et des archanges,
 Justes cieux ! Car son noble cœur
 Voulut toujours plaire au Seigneur.
 Que votre divine musique
 Entonne le plus saint cantique
 Pour charmer tous les bienheureux
 Par des concerts mélodieux.
 Que ce séjour plein de délices,
 Exempt de péchés et de vices,
 Veuille recevoir en ce jour
 Un cœur digne de son amour.

ÉLÉGIE

ADRESSÉE A M. L^{***}, MON AMI,

A L'OCCASION DE LA PERTE DE SA NIÈCE.

La mort, cette image effroyable
Du néant de l'humanité,
A rendu mon sort misérable
En m'ôtant ma postérité.
J'avais une fille chérie
Qui faisait l'espoir de mes jours ;
Mais au lieu d'embellir ma vie,
Elle m'a quitté pour toujours.
Dois-je croire à la destinée
Qui nous sépare sans retour
Ou croire à l'âme fortunée
Qui vit au céleste séjour ?
De ce doute que je déteste
Pour me tirer, Dieu des humains,
Et chasser cette erreur funeste,
Mets en moi la foi des chrétiens

Qui me donnera l'espérance
De voir mon enfant bienheureux,
De garder cette jouissance
Pendant l'éternité des cieux !
Il faut la foi sur cette terre
Pour supporter un tel malheur
Qui vient briser un cœur de père
En coupant le fruit dans sa fleur.
Qu'elle était bonne, aimable et belle
Cette douce et charmante enfant !
Des vertus quel parfait modèle ;
Et quel esprit vif et brillant !
Elle connaissait les usages
Des Goths, des Grecs et des Romains,
Et parlait les divers langages
Des Anglais, Russes et Germains.
Le noble goût de la poésie
Occupait ses plus doux instants ;
Et, par l'éclat de son génie,
Elle égalait les plus savants.
Pourquoi penser à la science,
A son mérite, à ses talents
Aujourd'hui qu'un affreux silence
Brise le cœur de ses parents ?

Et toi, sa pauvre et tendre mère,
Toi que je presse sur mon cœur !
Avons-nous assez de misère,
Avons-nous assez de douleur ?
J'entends sa voix qui nous appelle ;
Je vois son sourire enchanteur,
Je vois briller une étincelle
Allant de ses yeux à mon cœur.
Que sa taille était élégante !
Que son teint avait de fraîcheur !
Que sa bouche était ravissante,
Son regard rempli de douceur !
Mais loin de moi de si doux songes,
Des souvenirs trop séduisants,
Vous n'êtes qu'odieux mensonges
Qui rendez mes maux plus cuisants.
Pardon, ma douce et chère amie,
D'exciter ainsi ta douleur ;
Pour toi je donnerais ma vie,
Je n'ai d'asile qu'en ton cœur.
Je sais qu'une horrible blessure
Saigne en ton cœur trop malheureux,
Quand ta noble et pâle figure
Garde un calme silencieux.

C'est que dans ta douleur profonde
Tu bénis l'Être tout-puissant
Qui saura, dans un autre monde,
Te réunir à ton enfant.

PARODIE D'UNE ÉLÉGIE.

Je voudrais, aussi moi, célébrer les vertus
De ce praticien, de Galard qui n'est plus ;
De Frémon, son ami, qui fit son élégie,
Je vais suivre les pas, sans crainte et sans envie.
Sûr, qu'ayant dans les airs vu cet auteur planer,
Après lui dans ce champ je n'ai plus qu'à glaner.
Galard, chacun le sait, était parfait notaire,
Qui très-bien minutait, moyennant bon salaire,
Ayant un grand désir d'amasser de l'argent,
Quoiqu'il fût, grâce à Dieu, sans charge et sans enfant.
Il n'était pas aussi généreux que saint Cosme
Qui guérissait gratis. Il était économe,
Et mettait sou sur sou pour que son héritier
Pût trouver à sa mort un très-joli denier.

Que Dieu lui fasse paix à son heure dernière,
Car il a bien traité sa vieille chambrière.
Il faisait sans conteste un très-bon marguillier,
Et toujours à la messe il était le premier
Pour de nos dogmes saints méditer le mystère
Et de son digne emploi remplir le ministère.
Chacun a pu le voir ; il était dans le banc
De l'œuvre comme un saint, avec son gilet blanc,
Son pantalon usé par devant et derrière,
Et ses gants de tricot faits par sa chambrière ;
Chaque fois qu'il fallait rendre grâce au Seigneur,
Je l'ai vu de mes yeux, se plaçant dans le chœur
Avec son instrument, la flûte traversière,
Souffler à perdre haleine une marche guerrière.
Pour finir notre tâche et le peindre en tout point,
Nous dirons qu'il était un excellent adjoint ,
Le bras droit, à coup sûr, de tout l'échevinage
Qu'il savait relever par son brillant langage,
Son accent tourangeau, le geste gracieux
De sa gauchère main ; son air mystérieux.
Il était consulté par tout son voisinage ;
Rentré dans sa maison, il était toujours sage ;
Chauffait sa cheminée avec un seul tison,
Et mettait sous la clef les restes du jambon.

Les commères diront qu'avec sa ménagère
Il se livrait parfois au culte de Cythère ;
C'est le calomnier avec méchanceté,
Car de tous ces propos je sais la fausseté.
Après avoir parlé de son mérite insigne,
Parlons de l'amitié dont il se montra digne :
Les esprits endurcis prisent peu ce lien,
Sachant qu'en ce moment il s'agit de son chien.
C'était le bon Médor, qui, par sa gentillesse,
Savait se faire aimer ; car il avait l'adresse
De dépister son maître en quelque endroit qu'il fût,
Et pour suivre ses pas il était à l'affût.
Aussi, lorsque la Parque avec sa main cruelle
Coupa soudain le fil d'une vie aussi belle,
Médor, triste et pensif, aux échos d'alentour
Fit redire ses cris, preuves de son amour
Pour un maître si bon, si doux de caractère
A l'égard de son chien et de sa cuisinière.
Il se rendait au cercle en prenant le chemin
Que son patron suivait le soir et le matin,
Espérant retrouver son adorable image
Dont le pauvre animal ignorait le passage
Dans un monde meilleur, lieu de plaisirs exquis,
Que tous les bons chrétiens nomment le paradis.

Mais telle est des mortels la triste destinée
Que de Médor la voix douce mais chagrinée
Appelait son ami, tout en cherchant ses pas ;
Mais cet ami chéri ne lui répondait pas.

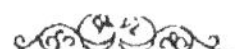

ÉLÉGIE

SUITE DE LA PRÉCÉDENTE.

Après avoir chanté sur la simple musette
Les vertus de Galard, embouchons la trompette
Pour célébrer Frémon, cet illustre guerrier,
Par le malheur des temps devenu financier.
Ce fut avec regret que son humeur altière
Quitta les champs de Mars pour une humble carrière.
Le besoin qui toujours chassa le loup du bois,
Aux plus fiers des mortels sait imposer ses lois ;
Jamais il ne prisa son emploi de finance,
Ayant assez d'esprit pour gouverner la France,
Et non pour se soumettre à ce triste métier
De compulseur de rôle et de gratte-papier.

Cependant, oubliant une gloire importune,
Il sut se conformer à sa triste fortune,
Aimant, dans ses propos, quelquefois un peu longs,
A compter à chacun ses belles actions ;
Et, si ses beaux discours montraient son éloquence,
Par sa prose et ses vers il prouvait sa science.
Il chanta les vertus de Galard et son chien
Et celles d'un ami dont il fut le soutien :
Ce frère malheureux dans les champs de Russie
Termina tristement sa languissante vie.
Histoire qui présente un affligeant tableau,
Racontée en beaux vers par ce César nouveau,
Heureux de retracer, d'une plume diffuse,
D'un aussi grand malheur la peinture confuse.
Du culte des neuf sœurs, des lauriers d'Apollon,
Il passa sans effort aux travaux de Platon :
Abordant les hauteurs de la philosophie,
Par ses nobles élans il sut charmer sa vie ;
Et du Dieu des humains admirant la grandeur,
Il sut de ses desseins sonder la profondeur.
Les méchants le taxaient, je le crois, par envie,
D'avoir eu du penchant à la galanterie :
Nos guerriers les plus grands, le roi le plus vanté,
Ont payé comme lui tribut à la beauté.

Mais ici, comme ailleurs, notre plume discrète
Jamais des goûts mondains ne sera l'interprète,
Préférant réserver ses soins et ses efforts
Pour combattre du mal les odieux supports.
Levons donc le front haut et disons sans mystère
Que notre ami Frémon fut un excellent père,
Un ami généreux ; que cet homme de bien
Vécut en philosophe et mourut en chrétien.

QUATRE CANTATES.

DIANE AU BAIN, LA CHUTE DE PHAÉTON, CALYPSO,
PYRAME ET THISBÉ.

DIANE AU BAIN.

Diane, ayant couru les champs, les verts taillis,
Après avoir dormi la grasse matinée,
Voulut, aux environs du vallon Gargaphis,
En se mettant au bain, terminer la journée.
Dans un bassin de marbre entouré du rosier,
Du myrte verdoyant, coulait une onde pure

   POÉSIES DIVERSES.

Dont le bruit, augmenté par les sons du gosier
De la sœur de Progné, formait un doux murmure.
Couverte des baisers du zéphir bienfaisant,
La déesse des bois, de sa cour entourée,
Loin de tous les regards, pose son corps charmant
Avec un doux plaisir dans cette onde azurée.

    Mortels, éloignez-vous,
    Craignez de la déesse
    D'irriter le courroux.
    Son âme est sans tendresse,
    Ménagez sa pudeur ;
    Elle a peu d'indulgence
    Pour les peines du cœur ;
    Ayez de la prudence :
    Dangereux sont ses coups,
    Craignez de lui déplaire ;
    Malheur au téméraire
    Qui brave son courroux.

Les nymphes ont aussi dépouillé leurs beaux corps
De tous leurs vêtements pour se mettre dans l'onde.
L'amour, sans être vu de cette cour, alors
Parvient à se glisser sur la brune et la blonde.
Toutes, sans le vouloir, ont ressenti ses feux :
Un désir inconnu, s'emparant de leur âme,

Vient troubler tous leurs sens ; l'enfant malicieux
Avec ses traits aigus attise cette flamme.
Mais la chaste Diane a repoussé l'amour.
Fuis, malheureux enfant, fuis d'ici, lui dit-elle,
Tends tes filets ailleurs, ici toute ma cour
Est soumise à ma voix, à tes discours rebelle.

>   Mortels, n'approchez pas
>   De cet endroit funeste ;
>   Portez ailleurs vos pas,
>   Car Diane déteste
>   Les charmes de l'amour.
>   Son cœur est insensible,
>   Fuyez de ce séjour ;
>   Son courroux est terrible,
>   Dangereux sont ses coups ;
>   Craignez de lui déplaire ;
>   Malheur au téméraire
>   Qui brave son courroux !

Cupidon, indigné d'un pareil traitement,
Armé de son carquois, s'enfuit la mort dans l'âme.
Actéon, qui parcourt les bois en ce moment,
Deviendra l'instrument du courroux qui l'enflamme ;
De ses traits acérés il atteint le chasseur
Qui rappelle ses chiens pour qu'ils quittent leur voie.

Il tressaille, il pâlit, il sent son pauvre cœur
Battre à coups redoublés ; tout son corps est en proie
A ce terrible feu que Phèdre a ressenti,
Quand ses honteux désirs ont profané la couche
De son illustre époux, par sa cour averti,
Et qu'un affreux mensonge est sorti de sa bouche.

De Vénus les fureurs
Sont fausses allégresses,
Elle trompe les cœurs
Par de belles promesses.
De son fils redoutez
Les faveurs mensongères ;
Ses doux attraits fuyez,
Innocentes bergères.
L'amour est un trompeur,
Prodigue de promesses ;
Il trouble notre cœur,
Redoutons ses caresses.

Le chasseur Actéon, brûlé des feux d'amour,
Par des désirs ardents se sent l'âme troublée ;
Comme fit un berger, à la chute du jour,
Dans les lieux consacrés au temple d'Héraclée,
Il voudrait de Diane obtenir les faveurs :
Il court vers ses autels pour lui peindre sa flamme ;

Mais, au lieu de plaisirs, il n'aura que malheurs ;
Il aperçoit au bain la reine de son âme
Qu'il dévore des yeux. Il voudrait voir toujours
Les charmes qu'il découvre et tous ceux qu'il devine.
Arrête, malheureux ! tu payeras de tes jours
Le bonheur d'avoir vu cette beauté divine !

>Malheureux Actéon,
>Ne sois pas téméraire ;
>Crains le sort d'Orion,
>Fuis ce lieu solitaire.
>De Phébé ne va pas
>Affronter la furie.
>Ailleurs porte tes pas,
>Il y va de ta vie.
>Pour attendrir son cœur
>Il faut savoir se taire ;
>Respecte sa pudeur
>Si tu prétends lui plaire.

Par le bruit du feuillage, Actéon est trahi.
Les nymphes aussitôt ont dirigé leur vue
Vers l'imprudent chasseur qui demeure ébahi.
Diane entre en fureur honteuse d'être vue
Par cet audacieux sans aucun vêtement.
Redoutant son courroux, Actéon prend la fuite,

Sans pouvoir éviter un juste châtiment.
En cerf il est changé ; sa meute est à sa suite.
Il parcourt la forêt, et sent, en frémissant,
Que son chef allongé se couvre de ramée.
Il est bientôt atteint, et devient, en pleurant,
Après un hallali, de ses chiens la curée.

　　　Chasseur trop malheureux,
　　　Tu n'as pas été sage
　　　A la fille des dieux
　　　En offrant ton hommage.
　　　Le plus sensible amant
　　　Ne plaît guère aux princesses
　　　S'il n'a pour talisman
　　　Le rang et les richesses.
　　　Pour avoir le bonheur
　　　Sachons être modestes ;
　　　Chassons de notre cœur
　　　Les passions funestes.
　　　Des grands éloignons-nous,
　　　Craignons de leur déplaire ;
　　　Malheur au téméraire
　　　Qui brave leur courroux.

LA CHUTE DE PHAÉTON.

Phaéton, désolé de savoir que son père
Parcourait chaque jour le disque de la terre,
Tandis que lui, son fils, né d'un sang généreux,
Passait ses tristes jours dans un repos honteux,
Et surtout irrité par l'injuste querelle
Que lui fit Epaphus, ce fils d'Io la belle,
Qui niait qu'il fût né du divin Apollon,
Et qu'il fût, comme lui, d'un dieu le rejeton,
Vint se jeter aux pieds de sa mère Climène
Pour répandre ses pleurs et lui conter sa peine,
Espérant obtenir d'elle un sage conseil
Et son puissant appui près du brillant Soleil.

    Que grande est ton erreur,
    Jeune homme téméraire,
    Tu payeras cher l'honneur
    D'avoir un dieu pour père !
    A qui veut un haut rang
    Très-souvent il en coûte
    Le plus pur de son sang
    Qu'il répand goutte à goutte.

    Pour avoir le bonheur

    Il faut de la sagesse,

    Sans chercher la grandeur,

    Les titres, la noblesse.

Renonce, mon cher fils, renonce, dit Climène,

Au dessein dangereux qui près de moi t'amène :

Pour conduire avec art les chevaux d'Apollon,

Quelques lustres encore attend, cher Phaéton ;

Tous les dieux, jusqu'ici, n'ont pas eu cette envie.

Songe, mon cher enfant, qu'il y va de ta vie ;

Qu'importe qu'on te croie un des fils d'Apollon,

Ou du bon roi Mérops le simple rejeton !

N'as-tu pas sous ta loi la vaste Ethiopie,

Pour aïeule Thétis ? Si tu veux Lampétie,

Phaétuse et Phébé, tes trois sœurs et moi,

Près du divin Phébus nous irons avec toi.

    Pour son fils, en ce jour,

    Il va te reconnaître.

    Heureux de cet amour,

    Tâche donc de paraître

    Fier de cette faveur,

    Sans vouloir qu'il te donne

    Un aussi grand honneur

    Qu'il n'accorde à personne.

Pour avoir le bonheur
Dédaignons la richesse
Ainsi que la grandeur;
Mais aimons la sagesse.
Suivi par ses trois sœurs, ainsi que par sa mère,
Phaéton se présente au palais de son père
Dont le trône est couvert des plus beaux diamants
Qui projettent au loin des feux étincelants.
Il est environné par les Heures, l'Aurore,
Par le riant Printemps et la charmante Flore,
Par l'Été dévorant, nu, couronné d'épis,
Par l'Automne et l'Hiver, par les Jeux et les Ris.
Je jure par le Styx d'accorder ta prière !
Lui dit en le voyant le dieu de la lumière.
Daignez donc ordonner, répondit Phaéton,
Qu'on attelle pour moi les chevaux d'Apollon.

Renonce à ce projet,
Cher enfant de mon âme ;
Pendant un tel trajet,
De mes rayons la flamme
Eblouira tes yeux
Et te fera, sans doute,
Seul au milieu des cieux,
Ecarter de ta route.

Reconnais ton erreur,
Ne sois pas téméraire,
Renonce à cet honneur,
Lui dit son tendre père.

Mais ce jeune étourdi, né d'une humeur altière,
Rejette cet avis et celui de sa mère ;
Et, partant comme un trait, il place dans sa main
Les rênes des chevaux qu'il a prises soudain.
Il n'a pu résister à l'ardeur qui l'enflamme ;
Mais la peur aussitôt s'empare de son âme,
Quand il voit Eous et le léger Phlégon,
Le fougueux Piroïs et le bel Aéton
Frapper avec leurs pieds du monde la barrière,
Pour parcourir du ciel la brillante carrière,
Et surtout quand il sent qu'avec sa faible main
Il ne peut retenir de ces chevaux le frein.

Phaéton sans espoir
A perdu la mémoire ;
De courir jusqu'au soir
Il n'aura pas la gloire.
Ses coursiers emportés,
Tantôt rasent la terre,
Tantôt au ciel montés,
S'approchent du tonnerre.

Que grande est ton erreur,
Jeune homme téméraire,
Tu payeras cher l'honneur
D'avoir un dieu pour père.
De voir si près du sien le beau char de son frère,
Diane est en émoi ; les hommes sur la terre,
Et tous les animaux expriment leur douleur
De sentir du soleil l'excessive chaleur ;
Les cieux sont embrasés, ainsi que monts et plaines,
L'aridité tarit les fleuves, les fontaines.
L'or que porte le Tage à l'instant est fondu,
Neptune dans la mer est lui-même éperdu.
Jupiter indigné s'arme de son tonnerre
Pour frapper Phaéton qui tombe sur la terre ;
On dit que l'Eridan le reçut dans ses bras,
En maudissant le sort et pleurant son trépas.

Jeune homme malheureux,
Tu n'as pas été sage ;
Ton cœur ambitieux
Dépassa ton courage.
Il faut de la valeur
Unie à la sagesse
Pour faire avec honneur
Une grande prouesse.

Des puissants la grandeur
Est peu digne d'envie,
On trouve le bonheur
Dans une simple vie.

Phaéton ne vit plus ! ses sœurs, les Héliades
Qui, pour modèle ont pris les pleureuses Hyades,
Sur les rives du Pô font retentir leurs cris,
Déchirent leurs beaux seins, et repoussent les ris.
Cycnus, leur tendre ami, qui règne en Lygurie,
Déserte ses Etats, et veut quitter la vie.
Tous les quatre, pendant l'espace de trois mois,
De leurs gémissements font retentir les bois.
Pour terminer plus tôt leurs peines prolongées
Les sœurs de Phaéton en saules sont changées,
Et leur ami Cycnus, qui réclame un tombeau,
En cygne est transformé pour être roi de l'eau.

De la sainte amitié
La noble et pure flamme
Est à l'inimitié
Qui tyrannise l'âme,
Ce que sont à l'or pur
Le plomb vil et l'argile,
Ou ce qu'est à l'azur,
Une couleur fragile.

L'amour ne dure, hélas !
Que très-peu de journées,
L'amitié suit nos pas
Un grand nombre d'années.

CALYPSO.

On dit que Calypso se promenait le jour
Dans ses bois enchantés, pensive et solitaire,
Envoyant ses soupirs aux échos d'alentour,
Indiscrets confidents qui ne pouvaient se taire,
Car au sein des plaisirs que donne la grandeur,
La fille de l'Atlas était loin d'être heureuse ;
Un désir inconnu faisait battre son cœur,
De voir finir le jour elle était désireuse
Afin de contempler, pendant un doux sommeil,
De l'amant désiré la gracieuse image
Qui s'enfuyait sitôt qu'arrivait le réveil,
Pour n'offrir à ses yeux que son triste entourage.
    Pourquoi me fuir, tendres amours !
    Pourquoi chercher une autre plage.
    A vous je m'unirais toujours
    Si vous habitiez mon rivage.

Près de moi serait le bonheur,
Disait cette reine attristée,
Pour vous je serais une sœur
Veillant sur votre destinée.
Arrivez donc, enfants chéris,
Que ma cour soit votre demeure,
Amenez les jeux et les ris,
Nous nous réjouirons à toute heure.

De la reine, Vénus voulant combler les vœux,
Soudain fait diriger l'équipage d'Ulysse
Vers l'île d'Ogigie afin qu'il soit heureux,
Et que de Calypso le désir s'accomplisse.
Lachésis et Cloto que vos légers fuseaux
Leur filent de beaux jours mêlés d'or et de soie ;
Qu'unis comme la vigne est unie aux ormeaux
Dans le bonheur d'aimer que leur âme se noie !
Le Ciel une compagne a voulu nous donner
Pour calmer nos ennuis, chasser notre tristesse ;
Sans amour il n'est rien qui puisse nous charmer,
Avec lui tous nos jours sont remplis d'allégresse.

Tendres amants, soyez heureux,
Que les amours vous fassent fête,
Pour les cœurs les moins courageux
Il est une belle conquête

Qu'on fait sans courir le danger
A la mort d'exposer sa vie,
C'est en tout temps de protéger,
De rendre heureuse son amie ;
De lui donner à chaque instant
Les soins que la délicatesse
Inspire à tout fidèle amant
Pour rendre heureuse sa maîtresse.
Pendant sept ans Ulysse est demeuré constant,
Calypso lui faisait oublier sa patrie,
Dans un repos honteux ce héros si vaillant
Sans la sage Minerve aurait passé sa vie.
Sous les traits de Mentor, bon et prudent vieillard,
La déesse parut aux yeux du roi d'Ithaque
Qu'elle éveilla soudain par son puissant regard.
Oubliez Pénélope et son fils Télémaque,
Lui dit-elle, oubliez vos Etats, roi sans cœur !
Vous perdrez à jamais le beau nom d'homme sage
Pour obtenir celui de lâche suborneur
Que la postérité redira d'âge en âge.
Par la déesse des beaux-arts
Ulysse éclairé sur lui-même,
Ne peut supporter ses regards,
Il redoute son anathème ;

A l'instant il est transformé ;
Il abjure toute faiblesse.
Par la gloire il est couronné,
Il abandonne sa maîtresse.
Tous ses guerriers sont prévenus ;
Il quitte l'île d'Ogigie
En fuyant le fils de Vénus
Dont il connaît la perfidie.

Cependant Calypso, qu'éveille Cupidon,
Sent couler dans son sein la triste jalousie
Qui jamais ne connut la paix ni le pardon,
Et qui, par ses fureurs, empoisonne la vie.
Elle est sourde à la voix des nymphes de sa cour
Qui font tous leurs efforts afin de lui complaire ;
Elle pleure et gémit la nuit comme le jour,
Sans que de ses chagrins on puisse la distraire ;
Elle prie Atropos de la faire mourir,
En retranchant le fil qui lui donne la vie ;
Mais elle est immortelle : il faut vivre et souffrir,
De voir les sombres bords quelle que soit son envie.

Tes soupirs, tes gémissements,
En vain de l'air frappent la plaine ;
Belle déesse à ton printemps,
Le temps seul guérira ta peine.

Pour voltiger est né l'amour ;
Il ne chérit pas la constance
Et ne connaît pas le retour,
Mais il nous donne l'espérance
De ne plus voir nos pleurs couler,
D'oublier nos soucis, nos peines,
Ou de savoir nous consoler
En prenant de nouvelles chaînes.
Ce remède parut à Calypso meilleur,
Si du bon Fénelon on adopte l'histoire,
Que celui qu'accueillit Sapho, pour son malheur,
Quoiqu'il fut plus vulgaire et moins rempli de gloire ;
Pour se venger d'Ulysse, elle donna son cœur
A son généreux fils, le jeune Télémaque,
Qui, conduit par Minerve, avait eu le bonheur
D'aborder dans son île, étant parti d'Ithaque ;
Mais loin de la venger de son premier amant,
Le cruel Cupidon empoisonna sa vie,
En mettant dans son sein l'indicible tourment
De se voir préférer sa plus grande ennemie.

L'amour est, dit-on, un trompeur
Qui fait souvent couler nos larmes,
Qui sait déchirer notre cœur
Par les chagrins et les alarmes.

Il faut, à temps, nous arrêter,
Si nous éprouvons son délire,
Et surtout savoir résister
A la force de son empire.
Il faut aussi savoir calmer
Les chagrins que ce dieu nous cause,
Ou, ce qui serait même chose,
Il faudrait ne jamais aimer.
Mais tout change dans la nature :
Notre cœur veut aussi changer ;
Les fleurs, les moissons, la verdure,
Ne durent qu'un temps passager.
Philomèle, qui dans l'air vole
Tout en gazouillant ses amours,
N'est pas moins légère qu'Éole,
Qui paraît voltiger toujours.

PYRAME ET THISBÉ.

De Pyrame et Thisbé, ces deux parfaits amants
Dont nous connaissons tous la lamentable histoire,
Je vais, pour honorer leurs nobles sentiments,
De leur cruel trépas rappeler la mémoire.

Leurs parents habitaient cette antique cité
Construite par Bélus qu'on nomme Babylone.
Leurs maisons se touchaient ; la sensibilité,
Qui sait unir les cœurs sur la paille ou le trône,
Leur était inconnue ; ils auraient désiré
Donner à leurs enfants une haine cruelle ;
Mais Vénus et son fils leur avaient inspiré,
Aidés par la nature, une flamme éternelle.

    On ne peut arrêter le cours
    Du torrent qui court dans la plaine ;
    Mais, après de nombreux détours,
    Il deviendra simple fontaine.
    De même il en est de l'amour
    Qui, d'abord, s'irrite et s'enflamme.
    Laissez-le reposer un jour,
    Il perdra son ardente flamme.
    Comme dit un charmant auteur :
    Plus fait douceur que violence ;
    Pour avoir le calme du cœur
    Il faut le temps et la prudence.

Se voir à chaque instant est un heureux destin
Pour de tendres amants ; les nôtres le cherchèrent :
Par un trou pratiqué dans le mur d'un jardin,
Après d'heureux efforts enfin ils le trouvèrent.

Ils convinrent alors qu'avant la fin du jour,
Non loin d'un mûrier blanc, près du tombeau de marbre
Elevé pour Bélus, guidé par son amour,
Chacun d'eux arrivé se placerait sous l'arbre
Qu'illustra leur malheur ; que là, sans nul témoin
Que l'ombre de leurs rois, invoquant l'hyménée,
Ils uniraient leur sort et s'enfuiraient au loin,
Pour des époux heureux avoir la destinée.

> Vite fuis l'heure du repos,
> Heureux amant, et prend tes armes ;
> Il faut être vif et dispos,
> Ne pas redouter les alarmes ;
> Au rendez-vous Thisbé sera
> Avant toi, si tu n'y prends garde ;
> Ses parents elle quittera
> Et sa nourrice qui la garde.
> Accours donc, ami trop prudent ;
> Presse tes pas pour la défendre ;
> Peut-être un ennemi puissant
> Est aux aguets pour la surprendre.

En arrivant, Thisbé voit un lion rugissant
Qui cherche quelqu'objet pour apaiser sa rage ;
Elle laisse tomber à terre un voile blanc,
Et va se réfugier dans un antre sauvage.

L'animal furieux se saisit à l'instant
De ce voile léger, qu'il mord et ensanglante ;
Puis, entendant du bruit, il quitte prudemment
Les lieux où se cachait Thisbé toute tremblante.
Pyrame, tout joyeux, avec empressement
Arrive dans l'espoir de trouver son amie ;
Mais, quand il aperçoit son voile tout sanglant,
Il est persuadé qu'elle a perdu la vie.

    Ses pleurs et ses gémissements
    Viennent troubler la douce haleine
    Du zéphyr et des légers vents
    Qui de l'éther peuplent la plaine.
    Echo seul entend ses soupirs
    De sa demeure aérienne,
    Et, pour contenter ses désirs,
    Elle unit sa voix à la sienne.
    Protégez-le, dieu des amours !
    Ayez pitié de sa souffrance :
    Il implore votre secours ;
    Accordez-lui votre assistance.

Ici je pourrais mettre en scène un immortel
Qui viendrait secourir Pyrame qui s'égare ;
Mais il doit se frapper, car le texte est formel,
Et je serais traité d'insolent et d'ignare

Si je voulais sauver ces deux tendres amants,
Tous les deux immolés par une erreur cruelle.
A ne vous point mentir ils seraient moins touchants
Si Pyrame vivait, si Thisbé restait belle.
Pyrame aux sombres bords s'est d'ailleurs présenté,
Ne voulant pas survivre à sa fidèle amante
Après avoir baisé le voile ensanglanté
Qu'il croyait de sa mort une image parlante.
    Nous pouvons donc, sans hésiter,
    Donner des pleurs à sa mémoire,
    Puisque nous venons d'adopter
    Une aussi véridique histoire
    Que nous savons par les aïeux,
    De ces Grecs qu'en France on vénère.
    S'ils faisaient tant de demi-dieux,
    C'était par un amour sincère
    Pour les chers auteurs de leurs jours,
    C'était un titre de noblesse
    Que les hommes cherchent toujours
    Afin de couvrir leur faiblesse.
De son triste séjour alors Thisbé sortant,
De crainte et de terreur encor toute frappée,
En tremblant aperçoit le corps de son amant
Percé de part en part d'un coup de son épée.

Son voile ensanglanté, cause de son malheur,
Suffit pour éclairer son âme infortunée.
« Ce sont là de tes coups, je le vois, dieu vengeur!
Dit Thisbé ; cher amant, j'aurai ta destinée ;
Je ne survivrai pas à ton cruel trépas,
Aux champs élizéens te suivra ton amie! »
Puis, saisissant ce fer dont elle arme son bras,
Elle en frappe son sein et s'arrache la vie.

      Soleil, tu reculas
      D'horreur à cette vue !
      De ces tristes trépas
      La terre fut émue.
      Des déesses, des dieux
      L'âme fut attérée.
      Le deuil fut dans les cieux,
      Sur la mer azurée.
      Le mûrier, d'abord blanc,
      En changea de nature,
      Et se teignit de sang
      Après cette aventure.
      De ces parfaits amants
      La mort infortunée
      A de tristes accents
      Pour toute âme bien née.

Si nous versons des pleurs
Sur leur sort plein d'orages,
Puisons dans leurs malheurs
Le bonheur d'être sages.

HISTORIETTES.

LE SOLDAT COURAGEUX.

Au temps où vivait Alexandre,
Un de ses plus vaillants soldats
Ne se faisait jamais attendre
Pour livrer de sanglants combats.
Le roi, pour prix de sa vaillance,
Lui fit compter beaucoup d'argent;
Mais bientôt cette grande aisance
Le rendit moins entreprenant.
Aussi disait-on dans l'armée :
« Notre plus courageux guerrier
Perdra bientôt sa renommée,
Car il ne veut plus guerroyer. »

Ce bruit alors vint aux oreilles
De notre puissant potentat.
« Jadis tu faisais des merveilles,
Dit-il au trop prudent soldat.
Aujourd'hui c'est toute autre chose :
Tu parais craindre le combat.
De tout cela dis-moi la cause ?
— C'est que, répondit le soldat,
N'ayant rien, j'aimais à combattre ;
Maintenant que j'ai beaucoup d'or,
J'ai moins le désir de me battre :
Je voudrais garder mon trésor. »

LE PRISONNIER DU BARON DES ADRETS.

Chacun connaît le baron des Adrets,
Sa tyrannie et ses sanglants arrêts,
On sait comment il arrachait la vie
A ses captifs, comment sa barbarie
Les obligeait à sauter d'une tour
Du haut en bas pour tomber dans sa cour.
Un prisonnier d'une aimable figure,
Fort jeune encore et de noble tournure,

Quand vint son tour, s'y prit à quatre fois
Pour obéir à ces cruelles lois.
Un tel retard lassa la patience
Du chef, qui lors dit avec violence :
« C'est trop de deux ! — Je vous le donne en cent,
Dit le captif : C'est à vous à présent. »
Ce trait brillant d'esprit et de courage
Dans le danger lui valut le suffrage
De des Adrets, qui, lui tendant la main,
Lui dit : « Soldat, pour toi je suis humain,
Je te pardonne et te donne la vie.
Prends cette bourse, et vas dans ta patrie
Te réjouir et goûter le bonheur
Que t'ont valu ton esprit et ton cœur. »
Le but moral de ma petite histoire
Est, croyez-moi, si vous pouvez me croire,
Qu'il faut toujours avoir dans le danger
Sang-froid, gaîté, sans se décourager.
Braves soldats et vous tous bons gendarmes,
Quand vous serez au milieu des alarmes,
N'oubliez pas qu'un guerrier doit savoir
Vaincre ou mourir en faisant son devoir.

LE FOU DE TOLÈDE.

Que la vie à vingt ans me semblait douce et belle !
Combien je chérissais la maison paternelle,
Où jamais le chagrin ne troublait mon bonheur,
Près de ma tendre mère et de ma bonne sœur !
     Des beaux sites d'Espagne
     J'admirais la splendeur ;
     Du vent de la montagne
     Je sentais la fraîcheur.
A la chasse, au combat je suivais mon vieux père
Qui de nos hildagos portait haut la bannière.
Son courage indompté soutenait mon ardeur
Pour le suivre toujours au chemin de l'honneur.
     La gloire de l'Espagne
     Faisait battre mon cœur ;
     Le vent de la montagne
     Ranimait ma vigueur.
Dans un de nos tournois je vis dona Sabine,
Son port majestueux et sa grâce divine.
Le destin qui peut tout ou le simple hasard
Fit briller à mes yeux son vif et doux regard.

> Des beautés de l'Espagne
> J'apercevais la fleur ;
> Le vent de la montagne
> Anima mon ardeur.

Alors, le cœur rempli d'une amoureuse flamme,
Je sus toucher celui de cette grande dame
Qui, pendant plus d'un an, me donna chaque jour
Des gages assurés de son parfait amour.

> Des guerriers de l'Espagne
> J'étais le plus heureux ;
> L'écho de la montagne
> Répétait nos aveux.

Mais promesse d'amour est souvent un mensonge
Qui, semblable à l'écho, s'envole comme un songe.
Sabine me quitta pour un riche seigneur.
Après sa trahison s'envola mon bonheur.

> J'habite la campagne
> Auprès du mont Fallou ;
> Le vent de la montagne
> Bientôt me rendra fou.

Voyez ce cavalier, c'est le fou de Tolède ;
A son malheureux sort il n'est pas de remède :
De celle qu'il aima l'infâme trahison
A déchiré son cœur, a troublé sa raison.

Il vivait sans compagne
Auprès du mont Fallou,
Quand l'air de la montagne
L'a fait devenir fou.

L'ORAGE.

Un jour j'errais dans la campagne,
Traversant les champs, les guérets ;
J'étais au bas de la montagne,
Non loin de nos sombres forêts.
Je laissais aller mes pensées
Dans les pays de l'idéal,
Sans qu'elles fussent traversées
Par la peur du moment fatal
Qui doit, fermant notre paupière,
Nous séparer de nos amours,
Et, nous privant de la lumière
Finir les peines de nos jours.
Heureux, je pensais à la femme
Que nous cherchons pour nous charmer ;
Je lui créais une belle âme,
Ainsi qu'un cœur fait pour aimer.

Je lui donnais un beau visage,
Une taille pleine d'attraits,
Un pied mignon, un beau corsage ;
Enfin, de Vénus tous les traits.
Elle était douce sans mélange
De méchanceté ni de fiel ;
En un mot, elle était un ange
Sur terre envoyé par le ciel.
Mais, hélas ! ce n'était qu'un songe
Sans aucune réalité.
Loin de nous chassons le mensonge,
Revenons à la vérité.
Tout bas l'hirondelle voltige ;
J'ai vu soudain briller l'éclair ;
Eole souffle dans la tige
Des arbres élevés dans l'air :
Jupiter veut, dans sa colère,
Effrayer tout le genre humain
En faisant gronder son tonnerre
Qui résonne dans le lointain.
Où se cacher ? dans cette grotte
Où souvent j'ai pu me loger.
Elle est loin de moi ! que m'importe,
D'un chasseur j'ai le pied léger.....

« Que vois-je? Est-ce vous, chère Elise?
Seule et sans guide en ce sentier?
Pour échapper à cette brise
Mettons-nous sous ce peuplier.
Vous êtes pâle et frémissante,
Sans pouvoir debout vous tenir ;
Pourquoi rester ainsi tremblante ?
Je suis là pour vous soutenir.
Votre main dans la mienne tremble,
Et moi je sens battre mon cœur !
Puisqu'ici le ciel nous rassemble,
Elise, comblez mon bonheur.
— Je ne suis qu'une pauvre fille ;
Vous êtes un riche seigneur.
Je veux respecter ma famille,
Et vous respectez mon honneur !
Mais hélas ! que dira ma mère
Si les méchants parlent de moi !
Son chagrin, sa douleur amère
D'avance me glacent d'effroi !...
— Rassure-toi, dis-moi : Je t'aime ;
Et réponds à ma vive ardeur ;
Pour ton ami le bien suprême
Est d'avoir ta main et ton cœur. »

Elise, aussi belle que sage,
Sut captiver son doux seigneur,
Et ne connut jamais d'orage
Que celui qui fit son bonheur.

UN DERNIER AMOUR.

Dieu ! que Sidonie était belle !
Que j'étais heureux auprès d'elle !
Que j'admirais ses traits charmants,
Ses yeux si vifs et si brillants !
Que sa taille était élégante
Et sa tournure ravissante !
Qu'elle avait de charmantes mains,
De beaux bras et des pieds divins !
J'étais sans état, car, fidèle
A mon serment, j'étais rebelle
A la voix des partis menteurs
Qui pour les rois sont des trompeurs.
De ma jeune sœur Sidonie
Depuis l'enfance était l'amie ;
Elle m'admettait à ses jeux,
De lui plaire j'étais heureux.

Je la croyais assez sensée
Pour ne pas avoir la pensée
D'encourager le fol amour
D'un cavalier sur le retour.
Aussi je vivais sans alarmes,
Sans jamais penser que ses charmes
Pourraient me causer le malheur
De venir attaquer mon cœur.
Ainsi trop près de la lumière,
Avec une assurance entière,
On voit le papillon aller,
Et presque aussitôt se brûler.
De faire amuser son amie
Ma jeune sœur était ravie.
Près d'elles je vivais content
Comme un père avec son enfant.
Hélas! envoyé par sa mère,
Le cruel enfant de Cythère
Sut se cacher, pour mon malheur,
Comme le serpent sous la fleur.
Il eut la perfide tactique
De se servir de la musique
Pour attendrir mon faible cœur
Et le percer avec noirceur.

J'étais comme un soldat sans armes,
D'un doux repos goûtant les charmes,
Qui ne pourrait pas deviner
Qu'un traître va l'assassiner.
Presque tous les jours de la vie
Je chantais avec Sidonie :
L'Amour, qui près de nous était,
Par ses yeux ses traits me lançait.
Il me fallut pour une affaire
Aller dans mon unique terre;
C'est alors que je fus certain
D'avoir un serpent dans le sein :
Semblable à la biche chassée,
Portant le trait qui l'a blessée,
J'errais pensif dans le vallon,
Sans approcher de ma maison.
Lorsque ma tâche fut remplie,
Je revins près de Sidonie
Avec des élans de bonheur
Qui durent lui flatter le cœur.
Aussi parut-elle enchantée
De me revoir ; et très-flattée
D'inspirer un si tendre amour
Que je crus payé de retour.

Pendant ces beaux jours de ma vie,
Je ne vécus que d'ambroisie :
Je buvais le nectar des dieux
Que je puisais dans ses beaux yeux.
Bientôt l'affreuse jalousie
Arriva comme une furie
Pour visiter mon pauvre cœur
Et le pénétrer de douleur.
Si vous aimez avec tendresse,
Vous approuverez ma faiblesse,
Et mes chagrins partagerez,
Vous tous amants qui me lirez ;
Car s'il existe sur la terre
Vraiment une douleur amère,
C'est celle que vous éprouvez
Quand un rival vous découvrez.
Torturé par cette pensée,
Le cœur brisé, l'âme oppressée,
Je me plaignis amèrement
Et je peignis tout mon tourment.
A ce récit de mes alarmes,
Le rocher eut versé des larmes,
Le tigre se fut adouci.

L'ingrate dit, sans nul souci,

« Que l'Amour est un dieu volage

A qui nous rendons tous hommage ;

Qui sait nous imposer sa loi,

Sans jamais nous garder sa foi. »

J'étais donc le jouet d'un songe !

Son amour n'était que mensonge !

Alors j'aurais voulu mourir,

Car je n'avais plus qu'à souffrir.

Mais, pauvres dupes que nous sommes,

Il est dans le destin des hommes

De longtemps conserver l'espoir

Lorsqu'on ne doit plus en avoir.

Séduit par de douces chimères,

Pour calmer mes peines amères,

Je recommençai mes travaux,

Et livrai de nouveaux assauts,

Sans en détourner ma pensée,

Avec une armure émoussée

Que Vénus brisait chaque jour,

Dédaignant mon dernier amour.

LA VÉRITÉ, ALLÉGORIE.

Un de mes bons amis que l'injuste fortune
Avait privé de tout, sans qu'il l'eût mérité,
Réduit au désespoir et sans ressource aucune,
Dans un puits, comme un fou, s'était précipité.
Il croyait dans ce lieu trouver une mort prompte
Qui l'eût mis à l'abri de toute adversité ;
Mais du destin fatal ce n'était pas le compte,
En tombant mon ami trouva la Vérité.

     Elle était toute nue,
     Réduite au désespoir ;
     Elle était morfondue,
     Et faisait peine à voir.

Dans ce lieu retiré l'avaient précipitée
De furieux Jacobins sans être découverts.
Pris d'un amour subit pour cette infortunée,
Notre homme se jeta dans ses bras entr'ouverts.
« Quels moyens auras-tu, noble ami, lui dit-elle,
Pour gagner notre vie et d'abord me vêtir ;
Car, tu le vois assez, je ne suis pas très-belle
Sans aucun vêtement ; crains de te repentir.

A ta race imbécile,

Pleine de vanité,

Il faut en homme habile

Farder la vérité.

Je sais que tu pourrais avec quelque assurance

De nos braves guerriers retracer la valeur ;

Que tes beaux vers seraient dignes de leur vaillance,

Mais tu n'as pas de nom, partant pas d'éditeur.

Près des puissants du jour, en faisant la courbette,

Tu pourrais obtenir quelques légers secours;

Conserver la faveur de piquer leur assiette

A la condition de les flatter toujours.

Mais ton âme indignée

Repousse un tel affront,

Et, quoique résignée,

A la pudeur au front.

Tu pourrais présenter ta belle comédie,

Fruit de plusieurs hivers, au Théâtre-Français ?

Tu serais repoussé ; renonce à cette envie,

Il lui faut des fadeurs bonnes pour des laquais.

Les œuvres de bon goût font place au mélodrame.

On veut duels et poignards, un triste enterrement ;

Sans un bel adultère il n'est point de bon drame ;

Sans d'effrontés coquins il n'est rien d'amusant.

On quitte de Racine,

Molière et Regnard

La carrière divine

Pour marcher au hasard.

Veux-tu de nos soldats embrasser la carrière ?

Te mettre dans leurs rangs, apprendre leur métier,

Partager leurs dangers et leur noble misère,

Pour, dans huit ou dix ans, devenir officier ?

Cet état qu'entre tous en France l'on vénère,

Par son noble côté pourrait charmer ton cœur ;

Mais demeurer dix ans un simple militaire

Est un bien dur état pour un littérateur.

De l'aristocratie

Né dans les rangs altiers,

Ta généalogie

Compte de grands guerriers.

Voudrais-tu te lancer dans la diplomatie ?

Fais ta pétition ; ta noble qualité

Te servira bien plus qu'aurait fait ton génie

Dans ce bienheureux temps de pure égalité ;

Mais songe que dix ans s'écouleront, sans doute,

Avant qu'un seul écu tu puisses manier ;

Et d'un calice amer tu boiras goutte à goutte

L'infernale liqueur, n'ayant pas un denier.

9.

   Justice et médecine

   Seront tes ennemis :

   A l'or font bonne mine

   Esculape et Thémis.

Il te reste à présent l'orgueilleuse finance

Qui dans ses rangs voudra peut-être te compter :

Tu manieras alors les trésors de la France,

Et par tous nos banquiers te feras accepter. »

Ceci n'était hélas ! que pure rêverie,

Car il faut beaucoup d'or pour être financier.

A la réalité d'une modeste vie

Il fallut revenir et choisir un métier.

   « Accepte avec courage,

   Avec humilité,

   Le plus modeste ouvrage,

   Reprit la Vérité :

Aujourd'hui, mon ami, que la philosophie

A chassé de nos mœurs beaucoup de préjugés,

L'oisiveté devient un malheur dans la vie ;

Les meilleurs travailleurs seront les mieux jugés.

Si parmi tous les tiens tu veux reprendre place,

Pour d'assidus travaux garde tes facultés ;

Et tu verras bientôt tous les gens de ta race

Heureux pour tes amis de se voir acceptés. »

Entré dans le commerce,

Il fut d'abord commis ;

Il parcourut la Perse

Et les Etats-Unis.

Par des soins assidus il plut à la fortune

Qui le récompensa de ses constants travaux ;

Il fut bientôt le chef de toute sa commune

Qu'il sut administrer malgré tous ses rivaux.

Voulant de son patron honorer la famille,

Il se fit un bonheur d'entrer dans sa maison ;

Le cœur plein d'allégresse il épousa sa fille,

Sans craindre, en notre temps, de ternir son blason.

Cette heureuse alliance,

Faite par les amours

Et par la convenance,

Procura d'heureux jours

A ces deux bons époux que la noble famille

De mon ami voulut dans son sein recevoir,

Pensant que les vertus d'une charmante fille

Valaient un parchemin ou quelque vieux manoir.

Aujourd'hui, grand seigneur, baron, duc ou bien comte,

Mon ami devenait ministre ou sénateur ;

Mais de la vérité ce n'était pas le compte,

Car il fallait qu'il fût courtisan et flatteur.

A son pays fidèle,
Rempli d'humanité,
Il trouva toujours belle
La simple vérité.
J'ai voulu démontrer en faisant cette fable
Que sur nos facultés nous devons tous veiller ;
Que si l'humanité veut un bonheur durable,
Sans relâche il lui faut aujourd'hui travailler ;
Que de rester oisif, sans prendre une carrière,
Est un très-grand malheur, fut-on riche héritier ;
Que le travail est noble et triste la misère ;
Qu'il est de sottes gens, mais non de sot métier.
Travaillons avec joie
A d'utiles travaux ;
C'est Dieu qui nous envoie
Ce remède à nos maux.

LE COUTEAU PERDU ET RETROUVÉ.

Pierrot se lamentait, ses yeux fondaient en eau :
Il avait perdu son couteau.
Son chagrin était grand, sa peine était amère ;
C'était sa bonne et tendre mère

Qui, le voyant partir, et quitter le hameau,
>   Lui fit ce précieux cadeau.
C'était un beau couteau, d'agréable structure,
>   Excellent, sans enjolivure.
Il fut, dit-on, payé vingt sous, argent comptant,
>   C'était donc un fort beau présent.
Plus l'objet que l'on perd se trouve avoir de charmes,
>   Plus on verse d'amères larmes :
Aussi l'ami Pierrot, le cœur gonflé d'ennuis,
>   Se serait jeté dans un puits
S'il n'avait rencontré la fringante meunière
>   Du moulin de la Baudinière
Qui, sur son triste sort daignant s'apitoyer,
>   Loin de vouloir le rudoyer,
Lui dit : «Mon cher Pierrot, cherche dans mon corsage,
>   Mais au moins, monsieur, soyez sage ! »
Pierrot ne trouva rien que de charmants appas
>   Que le nigaud n'aperçut pas.
« Tu n'as donc rien trouvé, Pierrot, lui dit la belle,
>   Il te faudrait une chandelle
Pour t'éclairer; cherche encore en mon tablier,
>   Et surtout ne vas pas t'oublier. »
Pendant tout ce discours partait de sa prunelle
>   Des feux d'amour une étincelle,

Qui certes aurait pu, sans exagération,
    Brûler la célèbre Ilion,
Aussi remplir de sang le lit de tous les fleuves,
    Toutes les femmes rendre veuves,
Comme on sait que le fit en Troade jadis
    Pour Hélène le beau Pâris.
Mais notre gars était comme un saint raisonnable,
    Et pour ces jeux fort peu traitable.
Il était tout confus ; son candide minois
    Eût mis la luxure aux abois ;
Aussi, les yeux baissés, fouilla-t-il la meunière,
    Sans regarder devant derrière ;
Sans faire attention à son air agaçant ;
    Sans regarder son pied charmant.
Pierrot aimait Babet, c'était sa souveraine ;
    Il fut donc lui conter sa peine,
Lui demander conseil, parler de ses douleurs,
    Et dans son sein verser ses pleurs.
Par son ordre il eût fait tout le tour de la terre,
    De ses pas baisé la poussière,
Sans de son tendre amour oser faire l'aveu ;
    Pour elle il se fût mis au feu.
Aussi lorsqu'elle dit qu'il fallait être sage,
    Et ne pas pleurer davantage,

Aussitôt il cessa d'exhaler sa douleur ;
    Retint sa peine dans son cœur.
La charmante Babet qui, nouvelle Égérie,
    Du bon Pierrot guidait la vie,
Eut, vous en conviendrez sans superstition,
    Une sage inspiration.
Elle se rappela que tous les deux, la veille,
    Avaient été pour voir la treille
D'un très-joli jardin tout couvert de beaux fruits
    Que le printemps avait produits.
Tous deux gagnent le but par la marche rapide
    Que dirige un cœur intrépide.
La course d'Atalante était un jeu d'enfants
    Près de celle de nos amants.
Le couteau retrouvé, ce fut un jour de fête ;
    Pour nos amis grande conquête !
Ils étaient plus heureux que ne fut jamais roi
    Aux ennemis dictant sa loi.
Bras dessus, bras dessous ils vinrent au village,
    En parlant de leur mariage
Qui, dans un si beau jour, fut par eux arrêté,
    Et chez tous leurs amis fêté.
En les voyant passer, on dit que la meunière
    Disait bas à sa chambrière :

Pierrot est beau garçon, cela n'est pas douteux,
Si je peux le former, il sera beaucoup mieux.

LE PARDON.

Alceste avait un fils unique et seul enfant
Qu'il désirait unir avec la belle Alice,
Jeune fille aux doux yeux dont il était parent,
Qu'il prit pour sa pupille au sortir de nourrice.
Mais Euphémon était un mauvais garnement,
Peu digne de l'amour d'une âme noble et fière ;
Il quitta son pays pour faire imprudemment
Avec ses bons amis l'école buissonnière.
Les femmes et le vin, les courses, les paris,
Les beaux ameublements, le jeu, la bagatelle,
Tous les vices enfin qui désolent Paris
Troublèrent à l'envi sa trop faible cervelle.
Notre étourdi marcha tant qu'il eut de l'argent
Ou qu'il put emprunter sur les biens de sa mère ;
Mais quand il fut ruiné, l'avocat, le sergent,
Le marchand, l'usurier, l'avoué, le notaire
Tombèrent sur ses bras ; aux enchères son bien,
Mis par ses créanciers, devint bientôt la proie

D'avides fournisseurs qui l'obtinrent pour rien.

Il était aux abois, eux étaient dans la joie.

Il n'eut pas un ami, chacun l'abandonna :

Pour ne pas l'écouter on avait une affaire ;

Un seul, comme lui pauvre, un avis lui donna,

Celui de s'engager dans l'état militaire.

Euphémon endossa l'habit de nos guerriers,

Et partit avec lui pour rejoindre l'armée.

Dans nos beaux régiments ils furent les premiers,

Et portèrent leurs pas vers les champs de Crimée.

Bien triste était le cœur du père d'Euphémon

Qui n'avait pour soutien que sa douce pupille :

Jamais il ne voulut qu'on prononçât le nom

De son volage fils banni de la famille.

En vain la bonne Alice essayait quelquefois

D'excuser les méfaits de cet enfant rebelle ;

Alceste, du devoir n'écoutant que la voix,

Jurait à son courroux de demeurer fidèle.

Cependant il apprit avec quelque bonheur

Que son fils avait pris une noble carrière

Pour suivre désormais le chemin de l'honneur,

Et mettre à ses écarts enfin une barrière.

Un jour qu'avec Alice, en son triste manoir,

Alceste désolé plaignait sa destinée ·

« Vous êtes, lui dit-il, chère enfant, mon espoir !
Contractez, je vous prie, un heureux hyménée ;
Vos enfants deviendront de mes vieux jours l'appui,
Vous serez avec eux les soutiens de ma vie ;
Vous parviendrez peut-être à calmer mon ennui,
A ranimer les feux de mon âme affaiblie. »
A peine venait-il de prononcer ces mots,
Qu'on lui vint annoncer qu'arrivés de l'armée
Deux officiers français, venus de nos dépôts,
Voulaient entretenir sa pupille alarmée.
Ils étaient tous les deux de la croix décorés,
Le plus jeune avec soin se voilait la figure,
Car on eût remarqué, sous ses cheveux dorés,
Avec chagrin sa large et profonde blessure.
Alice reconnut aussitôt Euphémon
Qui pour tout autre qu'elle était méconnaissable,
Mais se tut au moment de prononcer son nom,
Ignorant les projets de son ami coupable.
« Messieurs, leur dit Alceste, aurais-je le bonheur
D'apprendre que mon fils, parti pour la Crimée,
De notre beau pays a soutenu l'honneur
Dans les combats fameux qu'a livrés notre armée ?
Vous ne répondez pas, vous vous taisez tous deux :
Fûtes-vous les témoins de son peu de vaillance ?

A-t-il donc pu trahir le sang de ses aïeux
En ne défendant pas l'étendard de la France !
A ces mots si cruels qu'il ne pouvait ouïr,
Euphémon se sentit à bout de son courage ;
Aux pieds de son amie il vint s'évanouir,
Ce qui combla l'émoi de tout son entourage.
Chacun voulut alors lui donner des secours,
On appela les gens pour aller au village
Chercher un médecin qui pût sauver ses jours.
Alceste en ce moment découvrit le visage
De ce fils par les siens longtemps abandonné ;
Son malheur à l'instant désarma sa colère ;
Pour conserver ses jours il aurait tout donné.
Euphémon, en voyant les larmes que son père
Répandait sur son sein, sentit battre son cœur ;
Il entr'ouvrit les yeux, il revint à la vie ;
Et, tombant à ses pieds, lui peignit son malheur :
« Mon père, vous voyez ; vous aussi, mon amie,
Car d'Alice il saisit les deux tremblantes mains ;
Vous voyez, leur dit-il, un homme bien coupable,
Devenu trop longtemps le rebut des humains,
Qui demande à genoux la faveur ineffable
D'être reçu par vous comme un infortuné
Qui n'aura désormais d'autre but sur la terre

Que de vous honorer ; qui, s'il n'est pardonné,
Cherchera quelque coin pour cacher sa misère,
Sans se plaindre jamais d'un trop triste abandon. »
Par un tel repentir Alice fut émue
Et pria son tuteur d'accorder son pardon.
Son beau sein tressaillait, elle était éperdue,
Tout son ancien amour vint inonder son cœur :
« Vous vouliez un époux fait pour votre pupille,
Je crois l'avoir trouvé, dit-elle à son tuteur,
Pour nous trois aujourd'hui le bonheur est facile,
Laissez-vous attendrir ! — Que vos maux soient finis,
Dit Alceste joyeux, je ne suis pas sévère,
J'accorde mon pardon : enfants, soyez bénis !
Je vous ouvre mes bras, embrassez votre père. »

LE MARIAGE DE JEANNETTE.

Jeannette était, dit-on, une fille charmante ;
Elle avait des appas en tout dignes d'un roi,
    Elle était avenante
    Et bien faite, ma foi !
Elle avait des écus, sans compter quelque terre
Que d'acquérir son père avait eu le bonheur.

    Au ciel était sa mère,
    Hélas ! pour son malheur.
Tous les gars du pays accouraient auprès d'elle
Pour lui conter fleurette, et lui faire la cour ;
    Mais toujours la cruelle
    Dédaignait leur amour.
Pierrot, jeune garçon d'une aimable figure,
Fils d'un ancien soldat, concierge du château,
    Avait bonne tournure,
    Il était grand et beau.
Il passait pour adroit à la lutte, à la course ;
Il tenait à chacun ce qu'il avait promis.
    Toujours était sa bourse
    Ouverte à ses amis.
Il recherchait très-peu notre belle héritière :
Aussi quand il fallait aux jeux se rallier
    Elle était la première,
    Il était le dernier.
Mais tel est de l'Amour le cruel stratagème,
Que cet enfant malin fait préférer souvent
    A l'homme qui nous aime
    Le plus indifférent.
Le fils de Cythérée avait blessé Jeannette :
Il avait décoché son trait le plus vainqueur ;

Aussitôt la pauvrette

Avait donné son cœur.

Cette fille, autrefois alerte, gracieuse,

Qui mettait tout en train, maintenant se taisait ;

Souvent la malheureuse

En cachette pleurait.

On suit aveuglément, malgré sa perfidie,

Les pas de cet enfant, qui rit en vous donnant

L'aimable maladie

Qui se gagne en jouant.

Mal d'amour est un mal que vous avez peut-être

Regretté, cher lecteur, car, à ne pas mentir,

S'il trouble tout notre être

Ce n'est pas sans plaisir.

Pierrot savait, je crois, de la philosophie

Ce qu'il faut en savoir pour devenir heureux ;

Il comprit son amie :

Ils s'aimèrent tous deux.

La fortune aux amants n'est pas toujours propice ;

Le père de Jeannette se trouva mécontent ;

Pour lui c'était un vice

De n'avoir pas d'argent.

Un malheur suit toujours un malheur ; dans l'année

Le tirage se fit, et le pauvre Pierrot

Tira, triste journée !

Un mauvais numéro.

Pour peindre avec chaleur de ces amants la peine,

Jérémi, Niobé, prêtez-moi vos accents !

Et que ma voix soit pleine

De vos gémissements.

Pierrot fit son paquet et partit pour l'armée,

A Jeannette jurant de l'adorer toujours.

Elle était alarmée

Et pleurait ses amours.

On prolongea trois ans du bon Pierrot l'absence.

Il devint caporal et puis après sergent ;

Il put, par sa constance,

Devenir adjudant.

Quel plaisir de revoir la charmante Jeannette

Après un temps si long ! Quel doux contentement

De montrer l'épaulette

Et de soie et d'argent !

Mais pendant ce temps-là le père de Jeannette,

Avec un sien voisin voulant la marier,

Tourmentait la pauvrette,

Ne cessait de crier.

Venez, tendre Sapho, venez douce Herminie,

Soutenir cet enfant, l'empêcher de mourir !

Il y va de sa vie,

Venez la secourir.

Hélas! vous n'êtes plus! mais votre grand courage,

En tout temps admiré, fortifiera son cœur;

De braver cet orage

Elle aura le bonheur.

Le nouveau protégé du père de Jeannette,

Pour obtenir sa main, ne faisait que courir;

Mais la pauvre fillette

Eût préféré mourir

Plutôt que de manquer à cette foi jurée

A celui que bientôt elle espérait revoir.

Elle était torturée,

Mais faisait son devoir.

Ce beau jour arriva. Ce fut un jour de fête

Celui qui ramena l'adjudant au château;

Il portait haut la tête,

Corbleu, qu'il était beau!

Son rival, en voyant à son côté l'épée,

A son habit la croix, et son air martial,

Pensa qu'une équipée

Lui réussirait mal.

Pour sauver son repos il reprit sa parole,

Ce qui, dans ce moment, courrouça son voisin.

Pierrot lui prit son rôle ;

De Jeannette eut la main.

Dans toute la contrée et dans son entourage

On n'avait jamais vu, disaient les habitants,

Un si beau mariage,

Des époux si charmants.

L'amour et la beauté sont un bel avantage

Qui, pourtant, ne peut pas aux gens faire oublier

Qu'aux besoins du ménage

Il est bon d'obvier.

Pierrot qui le savait, devint grand militaire ;

On le fit commandant, colonel, général :

Simple soldat acquiert

Bâton de maréchal.

Il ne fut plus Pierrot, mais monsieur de Saint-Pierre ;

Sa Jeannette devint après dame d'honneur.

Avec du savoir-faire

Ils eurent du bonheur.

Travaillez, jeunes gens, servez votre patrie

Si vous voulez un jour avoir quelque valeur.

Ce chemin dans la vie

Est celui de l'honneur.

ÉPITRE A MARGAU.

Nous admirons, belle Chloris,
La beauté de votre tournure ;
Tous les cœurs deviennent épris
Des charmes de votre figure.
Pour vous se montrent les amours
Ennemis de la perfidie ;
Ils vous parent de leurs atours
Sans jamais exciter l'envie.
Vous êtes, ainsi que Phylis,
Des amoureux le prototype ;
On fait un bouquet à Chloris,
Du sonnet Phylis est le type.
Vos beaux noms, chaque jour cités
Par les amants et les poëtes,
Font de vous des divinités
Brillantes comme des comètes.
On vous pare des plus beaux traits :
La jeunesse est votre partage ;
De réunir tous les attraits
Vous avez le bel avantage ;

Mais des vertus en avez-vous ?
Avez-vous un bon caractère ?
C'est à quoi tous nos jeunes fous,
Assurément, ne pensent guère,
Car tous ces esprits éventés
Ne visent qu'à la bagatelle,
Sans s'occuper des qualités
Du cœur, de l'esprit de leur belle.
Je pense tout différemment ;
Je veux trouver dans ma maîtresse
Ce qui vaut mieux que le talent :
L'amour constant de la sagesse.
Qu'elle ait nom Jeannette ou Margau,
Que très-peu d'éclat l'accompagne,
La ferme vaut bien le château
Pour trouver aimable compagne.
Je vois rire les Trissotins,
Les Vadius et leur cohorte,
Qui ne font sonnets et quatrains
Que pour se faire ouvrir la porte
Des financiers, des grands seigneurs,
Dupes de leur supercherie
Dont ils obtiennent les faveurs
Par une basse flatterie.

Sans donc redouter les discours
Et les écrits de cette engeance,
Je vais vous peindre les atours
De celle que mon cœur encense ;
Son vaste front, pur et serein,
Indique sa noble pensée ;
Elle a les yeux vifs, un beau teint,
Elle est gracieuse et sensée ;
Son sourire est plein de douceur ;
Elle est plus grande que petite ;
On nous vante sa bonne humeur :
Ce n'est pas son moindre mérite.
Elle possède la gaieté
Qui sait embellir notre vie ;
Dieu lui fit don de la santé
Qu'ici-bas tout le monde envie ;
A tout cela joignez l'honneur
D'un vieux soldat d'être la fille,
Et vous comprendrez mon bonheur
Quand je serai de la famille.
Je ne suis qu'un simple écrivain,
Ami de la philosophie,
Qui ne voit pas avec dédain
Un sort rempli de modestie.

Assez d'autres forment des vœux
Pour avoir grandeur et richesse ;
Mais combien pour un seul heureux
Sont condamnés à la détresse ?
Fille de comte ou de marquis,
De titres vains énorgueillie,
Qui préférez les mets exquis
Aux douceurs d'une simple vie,
Et qui jamais ne respectez
Le vrai mérite sans fortune,
Soyez moins fière et redoutez
De voir les soucis, l'infortune,
A chaque instant suivre vos pas,
Et, sans vous donner de relâche,
Vous poursuivre jusqu'au trépas.
A dire vrai, ce qui me fâche,
C'est de voir qu'en tout l'univers
On a beau marcher d'âge en âge,
On trouve, en ses pays divers
Pour le moins cent fous contre un sage.
Mais il est temps de m'arrêter,
Afin de ne pas perdre haleine ;
Je vais donc mon ancre jeter
Auprès de vous, ma souveraine.

C'est vous qui ferez mon bonheur,
En vous je mets ma confiance ;
Vous possédez seule mon cœur,
Seule soyez ma providence.
Sans désirer les lambris d'or,
Mais sans redouter la misère,
Nous aurons le plus beau trésor
Que Dieu nous donne sur la terre :
Je veux parler de cœurs constants
Retenus par de douces chaînes,
Dévoués à tous les instants
Pour se consoler de leurs peines.

LE REMORDS.

Avez-vous vu se promener Léandre
Sur le coteau quand il y vient le soir ?
Avez-vous pu sa voix plaintive entendre,
Ses nobles traits avez-vous pu les voir ?
Sa taille est grande et belle est sa figure,
Son air est triste autant qu'il paraît fier ;
Son noble port ainsi que sa tournure
Disent assez qu'il fut beau cavalier.

Il vit tout seul au château de ses pères ;
Dans sa douleur son cœur est abîmé.
Il voit souvent les fermiers de ses terres
Qu'il rend heureux et dont il est aimé.
A-t-il perdu quelque personne chère
Dont le trépas assombrit son destin ?
N'est-il, hélas ! pour lui sur cette terre
Aucun ami qui lui tende la main ?
Je veux aller lui présenter la mienne :
Je lui dirai qu'il peut compter sur moi ;
Qu'ayant pressé ma main avec la sienne,
De l'amitié j'observerai la loi ;
Mais il me fuit... Comment lui faire entendre
Que je prends part à ses cuisants chagrins,
Et que mon cœur voudrait pouvoir lui rendre
De douces nuits avec des jours sereins ?
Il vient vers moi... j'entends sa voix si triste
Qui me demande aux gens de ma maison.
J'en suis charmé : de tout ce qui l'attriste,
Je vais peut-être apprendre la raison...
Il n'a rien dit de ce qui m'intéresse,
Il ne venait qu'afin de soulager
Un malheureux tombé dans la détresse,
Que son bon cœur désirait obliger.

Il était sombre, et sa mélancolie
Perçait malgré les efforts qu'il faisait ;
Mais il a vu ma bonne sœur Lucie
Qui l'intéresse et déjà lui plaisait.
Reviendra-t-il ?... Nul ne saurait le dire,
Quelques instants il a paru ravi ;
Mais en partant, il semblait tout maudire,
Par le remords il était poursuivi.
Qu'a-t-il donc fait? A-t-il, dans sa jeunesse,
Du droit chemin sorti par quelqu'erreur ?
Par un rival ou par une maîtresse
A-t-il été trahi, pour son malheur ?
Je le saurai, car il vient de m'écrire
Qu'en sa maison il m'attendra demain.
Il m'a tout dit... en son cœur j'ai pu lire ;
En me quittant, il m'a serré la main.
Il a perdu son ami, sa maîtresse,
Il a perdu tous les plaisirs du cœur.
Qui ne plaindrait sa profonde tristesse
Et son chagrin, après un tel malheur...
Il était jeune, il aimait Clémentine
Qui le payait du plus tendre retour.
Tous deux avaient l'espérance divine
De voir bientôt couronner leur amour,

Quand un ami, le marquis d'Eglantine,
Le confident de ces tendres amants,
Epris d'amour soudain pour Clémentine,
Voulut lui faire oublier ses serments.
Il espérait la couronne ducale ;
Il possédait en outre de grands biens.
Grande fortune a très-peu de rivale ;
Or, Clémentine oublia ses liens.
Léandre, alors transporté de colère,
Par un soufflet provoqua son rival.
Un duel, hélas! devenait nécessaire :
Au séducteur le destin fut fatal.
Pleine d'ennuis, la pauvre Clémentine
Du déshonneur redouta les effets ;
Elle eut recours à la grâce divine,
Et dans un cloître abrita ses attraits.
Depuis ce temps, le malheureux Léandre,
Fou de douleur, invoque en vain le Ciel
Pour qu'en son sein il daigne le reprendre,
En lui donnant une nuit sans réveil.
Dans son sommeil, il voit toujours l'image
De son ami, de son amante en pleurs,
Il les entend, et leur aspect sauvage
A tout instant ravive ses douleurs.

Contre le sort souvent il se révolte ;
Pour être calme, il fait de vains efforts :
Le noir chagrin toujours frappe à sa porte,
Sans qu'il parvienne à chasser le remords.
Semblable au fils malheureux des Atrides
Qui redoutait la main des dieux vengeurs,
Il voit la nuit les filles homicides
De l'Achéron excitant ses terreurs.
C'est un destin affreux et misérable
Que le destin de mon ami nouveau.
Il peut compter sur ma main secourable
Et sur mon cœur à lui jusqu'au tombeau...
Je l'ai revu ; de ma bonne Lucie
Il a compris le cœur délicieux.
Elle fera le charme de sa vie ;
Qu'ils soient unis, puisqu'ils s'aiment tous deux.
Il oubliera ses maux et sa souffrance ;
Il guérira, grâce à d'heureux efforts :
Lorsque le cœur reprend son innocence,
Il dit adieu pour toujours au remords.

FABLES.

L'ANGLAIS ET LE PETIT SAVOYARD.

Un Anglais chez Véri dînait,
Et les meilleurs mets dégustait.
Son embonpoint, sa large panse
Faisaient juger que sa pitance
Etait abondante toujours,
Et pourrait abréger ses jours.
Un enfant, la face amaigrie
Par le besoin, la maladie,
C'était un petit Savoyard,
Qui là se trouvait par hasard,
Lui dit : « Monsieur, un peu de pain
Pour l'enfant qui meurt de faim,
Qui se trouve dans la misère
Ayant perdu sa pauvre mère. »
L'Anglais, tout en mangeant, lui dit :
« Je payerais cher ton appétit ! »
Sans plus avoir de souvenance
De la peine et de la souffrance

De l'enfant qui, le lendemain,

Fut trouvé, chez lui, mort de faim.

De son côté, cet insulaire,

Qui toujours sut se satisfaire

Et manger les meilleurs morceaux,

Etait guéri de tous ses maux :

Une attaque d'apoplexie

Venait de terminer sa vie.

Il eût évité ces malheurs,

Et de l'enfant séché les pleurs,

Si, combattant avec franchise

Son penchant à la gourmandise,

Il avait trouvé dans son cœur

De la pitié pour le malheur.

UN PRÊTRE QUI VOULUT METTRE UN LOUP A LETTRES,

SUJET TRAITÉ PAR MARIE DE FRANCE.

On dit qu'un curé de village

Voulut instruire un loup des bois

Pour qu'il devînt humain et sage,

Et des saints qu'il suivît les lois.

Il fit donc épeler le sire
Qui dit très-bien son b a ba,
Mais quand deux mots il fallut lire,
Le loup dans l'embarras tomba.
« Répétez-les lui, dit le prêtre,
Et les épelez de nouveau ; »
Mais il ne put rien tirer du traître
Que ces deux mots : « Brebis, agneau. »
En vain veut-on, par aventure,
De vices les cœurs préserver,
Des méchants la triste nature
S'empresse au galop d'arriver.

LA ROSE ET LA VIOLETTE.

Une rose dans un parterre
Avec orgueil se pavanait
Sans daigner regarder la terre
Où la violette rampait.
« Que je te trouve malheureuse,
Dit-elle, d'un air dédaigneux,
Petite plante souffreteuse
Qui ne peut regarder les cieux !

Je te plains, timide et honteuse,
Dans ton recoin de végéter,
Tandis que je suis glorieuse
Aux regards de me présenter.
A me plaire chacun s'empresse,
Tous les passants me font la cour ;
Eole adouci me caresse,
Et me rafraîchit chaque jour.
Des jardins on me dit la reine ;
L'œil est flatté de ma couleur,
Zéphire abandonne la plaine
Pour savourer ma douce odeur. »
A ces mots, le triste Borée,
Le plus implacable des vents,
De sa voix la plus assurée,
Ayant appelé les autans,
Vint frapper la rose orgueilleuse
Qu'avec fureur il emporta.
La violette, plus heureuse,
Sur son modeste pied resta.
Ce n'est pas la haute fortune
Qui fait toujours notre bonheur,
Contre les coups de l'infortune
Mieux vaut pauvreté que grandeur.

PROVERBES MIS EN FABLES.

LE GRAND SAINT NICOLAS.

Sur le talus d'une rivière
Un écolier se promenait,
Et, se trouvant loin de sa mère,
Avec imprudence courait.
Il fit la culbute et dans l'onde
Tomba tout en se débattant.
L'eau dans ces lieux était profonde,
Dangereux était son courant.
Lors l'enfant, rempli de tristesse,
Priait le grand saint Nicolas !
Un homme, voyant sa détresse,
Lui dit : « Nage, il ne t'entend pas. »
Notre écolier, devenu sage,
Répondit : « L'enfant nagera. »
N'oublions jamais cet adage :
Aide-toi, le Ciel t'aidera.

LE BLAIREAU ET LE RENARD

Certain blaireau, dans sa tanière,
Avait construit une barrière
Pour que le renard, son voisin,
Ne vînt pas voler son butin.
La paix régna dans cet empire
Tant que la pitance du sire
Au long corsage, au fin museau,
Fut suffisante, et qu'il fît beau ;
Mais, quand la glace fut venue,
Et qu'il n'eut plus rien sous sa mue,
Il fondit le mur du voisin
Pour avaler pomme et raisin.
De là naquit une querelle
Qui fut aussi vive que celle
Que, dit la fable, eut un matin
La belette avec Jean Lapin.
Le blaireau fit une complainte
Devant le juge pour atteinte
A son droit de propriété
Qui venait d'être empiété.

Le renard est un fin compère
Qui sait embrouiller une affaire :
Il dirigea son action
Pour prouver sa possession.
Il obtint interlocutoire
Pour arriver au possessoire,
Disant que malgré son succès
Il payerait volontiers les frais.
Le blaireau, sans expérience,
Dans son droit ayant confiance,
Eut recours à son procureur
Qui le soutint, pour son malheur :
La cause pendant une année
Par les juges fut ajournée ;
Et nos deux plaideurs sans argent
Ne purent avoir jugement.
Notre blaireau devenu sage,
Disait, sans plaider davantage,
Qu'un bon procès vaut moins souvent
Qu'un mauvais accommodement,

LA FOURMI ET LA PERDRIX.

Une vieille fourmi,
Le chef de sa famille,
Dit à sa jeune fille,
Pleurant et gémissant :
« Evite la demeure
De la perdrix, enfant,
La cruelle, à toute heure,
Est au guet pour traquer
Un des tiens ou toi-même,
Sans jamais pratiquer
Le jeûne et le carême. »
La petite fourmi
Se promit d'être sage,
De fuir comme ennemi
Cet être si sauvage ;
Mais voyant la perdrix
S'enfuir à tire-d'aile
Pour aller, toute belle,
Aux environs chanter,
Et, sans être cruelle,

Tous les bals fréquenter,
Jouer de la prunelle,
Elle n'hésita pas :
Au risque de sa vie
Elle porta ses pas
Vers la race ennemie ;
Puis y vint tous les jours.
Ce fut charmant pour elle
Tout le temps des amours
De l'aimable donzelle ;
Mais quand vint la chaleur
Qui réchauffe la terre,
Il fallut du labeur
Pour que la tendre mère
Aux siens portât secours.
Auprès de son compère
Elle passa ses jours.
Au milieu d'un sentier
La fourmi rencontrée
Eut beau les supplier,
Elle fut la curée
De tous ces maraudeurs.
Alors sa pauvre mère,
N'ayant plus que des pleurs

A verser sur la terre,
Disait sur son tombeau,
A son destin soumise :
« Tant va la cruche à l'eau.
Qu'enfin elle se brise. »

LE LAQUAIS ET LE PAYSAN.

Un beau laquais de comte ou de baron,
Le maintien droit, l'air un peu fanfaron,
Fier d'être mis à la dernière mode,
Se promenant autour des boulevards,
Fut rencontré par de bons campagnards
De son pays. L'un d'eux, très-peu commode,
Lui dit : « L'ami, que je vous trouve beau !
Quels vêtements et quel charmant manteau !
De vos galons, de la grande richesse
De vos habits que je vous trouve heureux !
Tandis que moi je suis un malheureux
Mal habillé, qui vit dans la détresse.
Que j'aimerais sous votre toit coucher !
Être laquais, valet ou bien cocher,

A godailler je passerais ma vie.
— Tu juges mal, mon ami, ce métier,
Dit le laquais, tu peux en essayer
Et sur ce point contenter ton envie.
Il faut d'abord très-peu boire de vin,
Se coucher tard et se lever matin,
Manger deux fois dans toute la journée.
— Restes-en là, lui dit le villageois,
J'aime bien mieux manger mes quatre fois,
Ma vie ainsi n'est pas infortunée.
Je m'aperçois que tu fais tous les jours
Ventre de son sous habit de velours,
Tandis qu'aux champs on a grande fournée. »

LES DEUX SOEURS.

Deux sœurs vivaient chez leurs parents,
Gens aisés, surtout bonnes gens.
L'aînée avait une marraine
D'un petit État souveraine
Qui beaucoup d'argent lui donnait,
Et tous ses biens lui destinait.

Mais cette aînée était boudeuse,
Peu prévenante et querelleuse.
Aussi chacun la détestait,
Et comme peste la fuyait.
On aimait beaucoup la cadette,
Très-bonne fille et très-bien faite,
D'un esprit vif et sémillant,
Et d'un caractère charmant.
Un gentilhomme de la ville
Fut présenté dans la famille
Pour la plus riche courtiser,
Et pour ensuite l'épouser.
Quelle fut sa déconvenue
Quand il vit que sa prétendue
A chaque instant se dépitait,
Et tout le monde querellait.
Il quitta cette pie grièche
Et voulut monter à la brèche
Pour s'emparer du tendre cœur
De sa jeune et charmante sœur.
Le dieu d'amour est un compère
Qui sait terminer une affaire
Promptement quand il met d'accord
Deux cœurs qui s'étaient plu d'abord.

Des deux amants le mariage
Justifia l'ancien adage
Imaginé certainement
Par ceux qui n'avaient pas d'argent :
Que souvent bonne renommée
Vaut mieux que ceinture dorée.

LES DEUX FRÈRES.

Deux frères, natifs de la Brie,
Dans leur pays étaient restés :
L'un des deux changea de patrie
Pour voir de nouvelles cités.
Il voulut, après dix années,
Changeant encor de sentiments,
Rappeler les belles journées
Qu'il passait près de ses parents ;
Mais bientôt la monotonie
De ses champs et de son hameau
Fit naître en son esprit l'envie
De quitter les siens de nouveau.
Il voulut emmener son frère
Qui, retenu par le devoir,

Sa femme, déjà deux fois mère,
De l'être encore avait l'espoir,
Répondit : « Si tu pars, sans doute,
Je perdrai mon meilleur soutien ;
Mais il faut que la chèvre broute
Près de la corde qui la tient. »

LE MAITRE ET LA SERVANTE.

Un vieillard nommé Dumon
Avait gentille servante :
Sa main et son pied mignon
La rendaient très-avenante.
Le bonhomme la croyait
Toute aussi sage que belle,
En tous lieux il la vantait
Des vertus comme un modèle.
Or, un beau jour il advint
Qu'étant sorti pour affaire,
En son logis il revint,
Et trouva sa ménagère
A table avec son amant
Qui faisaient franche lippée.

Dumon, d'abord mécontent
De voir pareille équipée,
Leur dit : « Je le vois, j'ai tort
Plus que vous en conscience :
Lorsque le chat est dehors
La souris au logis danse. »

LE GRAND SEIGNEUR ET LA VILLAGEOISE.

La jeune Rose, nous dit-on,
Passait pour être la plus belle
Des fillettes de son canton :
De ses yeux la noire prunelle
Avait inspiré de l'amour
A tous les garçons du village ;
Même un grand seigneur de la cour
Vint lui présenter son hommage.
Il était riche à millions,
Son entourage et sa famille,
Ses beaux titres et ses cordons
Devaient séduire cette fille ;
Il se croyait sûr d'épouser
Cette pauvre et simple bourgeoise

Qui ne pouvait le refuser ;
Mais notre jeune villageoise
Avait déjà donné son cœur
A Lucas, un jeune notaire,
Et qui de plus avait l'honneur
De son pays d'être le maire.
De notre belle les parents,
Séduits par le grand personnage,
La persécutèrent longtemps
Pour qu'elle fît ce mariage ;
Mais on ne put pas la forcer
A manquer à la foi promise.
« Je ne peux, dit-elle, épouser
Ce seigneur ; j'ai trop de franchise ;
Sans peine je renoncerai
A tous ses dons, à ses largesses,
A mon goût je me marierai :
Contentement passe richesses. »

LA VILLAGEOISE ET LE MALOTRU.

Une jeune et charmante fille
Avait ses vingt ans accomplis ;

Elle était bien faite et gentille
Et refusait les bons partis.
Un lourdeau de mince encolure
La recherchait avec ardeur ;
Son air bête et sa triste allure
N'auraient pas dû toucher son cœur ;
Mais sa bourse était bien garnie ;
Il avait un joli château,
Ce qu'on préfère en cette vie
Aux grands airs d'un beau damoiseau.
On vit donc un jour cette fille
Qui refusait tout prétendant,
Quoique toujours jeune et gentille,
Accepter ce triste galant.
« Fallait-il être si hautaine !
Disaient tous les gens du hameau,
Il ne faut pas dire : Fontaine,
Je ne boirai pas de ton eau. »

LES DEUX CORSAIRES.

En Bretagne, un vaillant corsaire
Avait combattu les Anglais,

Et de plus d'une heureuse affaire
Leur avait fait payer les frais ;
Mais démâté par la tempête,
Ne comptant plus sur des amis,
Il lui fallut baisser la tête
Et se rendre à ses ennemis.
La bataille avait été rude :
Quand la mer apaisa ses flots,
Suivant leur louable habitude,
S'endormirent les matelots.
Alors notre brave corsaire,
D'accord avec tous ses soldats,
Voulut recommencer l'affaire
Et livrer de nouveaux combats.
Bientôt le chef de l'équipage,
Surpris au milieu du sommeil,
Ne put faire tête à l'orage,
Et se trouva pris au réveil.
« Vous le voyez, mon cher confrère,
Dit notre homme après le combat,
Il faut éviter un corsaire
Ou trouver à bon chat bon rat. »

LE ROSSIGNOL ET SA MÈRE.

Le temps est un don précieux
Que Dieu donna, dans sa largesse,
Aux hommes souvent dédaigneux
D'un bien dont se plaint leur paresse.
Heureux celui qui peut aimer
Le travail qui soutient sa vie :
Qui sait tous ses loisirs charmer
Sans ambition, sans envie.
Il goûtera des jours sereins
Auprès d'une épouse chérie ;
Il aura des plaisirs certains
Au sein de sa famille unie,
Venez, jeunes fous de Paris
Qui jouez avec la fortune,
Sans redouter d'être surpris
Par la misère et l'infortune,
D'un prodigue habitant des airs,
Je vais vous raconter l'histoire :
Il passait ses jours en concerts
Et ses nuits les passait à boire.

« Il te faut gagner des écus
Maintenant, lui disait sa mère,
Vieillard, tu ne le pourras plus,
Et tu seras dans la misère. »
Cet étourdi, sans l'écouter,
Courait et chantait de plus belle,
Et la laissait se lamenter.
« Va, dit-elle, à ce fils rebelle :
Ta fortune, en faisant l'amour,
Sera promptement envolée :
Est sans mousse pierre qui court;
Mouton bêlant perd sa goulée. »

LE PROPRIÉTAIRE ET LES ÉTOURNEAUX.

Il faut avoir de la sagesse
De la prudence et de l'adresse :
Demandez à ces étourneaux
Qui suivent de près les corbeaux
Si dans leur vieille république
Cette maxime est en pratique.
Ils vous diront que chacun d'eux
Est au besoin aventureux;

Qu'ils font rarement sentinelle,
Et vont où le gain les appelle,
Qu'il faille dévaster les chàmps
Ou grapiller chez les manants.
Ils réunissent leur phalange
Au joli temps de la vendange,
Et c'est pour eux un grànd bonheur
S'il n'est tué qu'un grapilleur.
Un jour qu'un bon propriétaire,
Afin qu'ils fissent maigre chère,
S'était placé près de son champ
En s'y faisant un lit de camp,
Ces oiseaux, de raçe créée
Pour aller à la picorée,
Le voyant alors endormi,
S'approchèrent de l'ennemi,
Qui, s'éveillant à la sourdine,
Tua d'un coup de carabine
La plupart de ces maraudeurs
Toujours bruyants et tapageurs.
N'oublions pas cette sentence
Qu'il faut avoir de la prudence,
Et que toujours on a grand tort
De réveiller le chat qui dort.

LE RENARD ET LES CHASSEURS.

Accourez tous, messieurs,
Si vous aimez la chasse
Pour accomplir vos vœux
Il n'est rien qu'on ne fasse
Dans ce pays charmant
Que traverse la Loire,
Où, toujours en chantant,
Nous aimons tous à boire
Le nectar de Bacchus,
Que Rabelais nous vante
Autant par ses vertus
Que sa couleur charmante.
Il s'agit d'un renard
A la mine futée,
Dont on veut sans retard
Détruire la portée.
Louvetier et piqueur,
Faisant une barrière
Avec un grand labeur,
Ont bouché sa tanière.

D'un seul trou cependant
Il existe une allée
Qui, par un habitant
Doit être surveillée.
Le limier est lancé,
La piste est découverte ;
Le renard relancé
Met la meute en alerte.
Du bon piqueur Bastien
On entend la fanfare ;
Tous les chiens vont grand train,
Malheur à qui s'égare ;
Le renard est pressé
Par la meute qui donne ;
Il n'est pas délaissé,
La peur le talonne ;
Il aperçoit l'endroit
Qui lui sert de retraite ;
Mais on y va tout droit,
Sa ruine est complète.
Le renard aux abois,
Sentant sa fin prochaine,
Aux habitants des bois
Contait ainsi sa peine :

                « J'étais un pauvre fou
            De quitter ma remise,
            Souris qui n'a qu'un trou
            Est, dit-on, bientôt prise. »

LE RAT DISSIPATEUR.

            Un certain rat très-économe
            Avait un fils dissipateur
            Qui, pour jouer le gentilhomme,
            Des galants se montrait la fleur.
            Son père, ancien homme d'épée,
            A tous les instants lui disait
            Que, s'il faisait une équipée,
            A coup sûr il le chasserait.
            Le fils n'en faisait qu'à sa tête.
            Il voyait les gens de la cour
            Qui paraissaient lui faire fête
            Car il les traitait chaque jour.
            « Tu verras, lui dit le bonhomme,
            Si ce jeu durera longtemps,
            Et bientôt tu me diras comme
            Tu seras reçu par ces gens.

Toujours tu fais la sourde oreille
Lorsque je veux blâmer tes goûts ;
Mais très-peu dure la chandelle,
Quand elle brûle des deux bouts. »

LE PÈRE ET LE FILS.

Mon père aimait peu son négoce,
Et jamais chez lui ne restait ;
Tous les jours il faisait la noce
Et tard à la maison rentrait.
« Si je ne fais pas des merveilles,
Nous disait-il à chaque instant,
Quand je rapporte mes oreilles
De moi je suis assez content. »
Je voulus suivre sa carrière,
J'évitai tous les gens sensés ;
Je fis l'école buissonnière
Avec de jeunes insensés.
Ma maison fut promptement nette,
Ce n'était pas un déshonneur,
Car je rapportais ma jacquette ;
Tout était perdu, fors l'honneur.

Tous les gens de mon entourage
Disaient qu'ils étaient peu surpris
D'avoir eu dans leur voisinage
Après un tel père un tel fils.

LES DEUX RENARDS.

Lorsque les animaux parlaient,
Et qu'entre eux ils se mariaient
Quand Esope était en Phrygie,
Qu'il y passait gaîment sa vie,
Et servait un maître excellent
Qui suivait son enseignement
En écoutant ses apologues,
Tous ses bons mots et ses églogues,
Un renard voulut marier
Sa fille avec un vieux routier
De ses voisins. Notre compère
Avec lui fut chez le notaire
Afin de faire cimenter
L'acte qu'il devait minuter.
« Que donnez-vous à votre gendre,
Dit le notaire, il faut s'entendre ?

— Je donnerai, dit le gascon,
Tout le gibier de ce canton,
De tous les fermiers la volaille ;
De plus tout le foin et la paille
Qu'ils mettent dans leurs magasins ;
Item les pommes, les raisins
Qu'ils serrent dans leur fruiterie,
Le beurre de leur laiterie ;
Mais je ne peux en ce moment
Lui donner que très-peu d'argent. »
Le futur lui dit avec peine :
« Ce sont là brouillards de la Seine ;
Je vois que je serai certain
D'avoir du beurre et peu de pain. »

L'ABEILLE ET LE FRELON.

La reine d'un essaim de soigneuses abeilles
        Se prit d'amour pour un frelon,
Très-brillant cavalier, qui faisait des merveilles
        Dans la plaine et dans le vallon.
Désirant le fixer et l'avoir auprès d'elle,
        La reine lui promit sa main.

Pendant un jour entier cet amant fut fidèle,
    Mais il s'enfuit le lendemain
Pour aller visiter les vergers à la ronde,
    Courir les bals et les plaisirs ;
Conter de doux propos à la brune, à la blonde,
    Et satisfaire ses désirs.
De cette trahison notre reine indignée
    Ne voulut plus d'un tel époux :
Par un amant trompeur elle était outragée,
    Elle obéit à son courroux :
« Sortez de mes Etats, imposteur, lui dit-elle,
    Eût-elle trempé dans un étang,
La caque, sans pouvoir prendre une odeur nouvelle,
    Sentira toujours le hareng. »

LE TIGRE AVOCAT.

Un tigre, très-mauvaise bête,
Voulant se choisir un état,
La chicane se mit en tête
Et prit la robe d'avocat.
Sous la présidence d'un âne
On avait un siége érigé,

Par un porc, animal profane,
Le parquet était dirigé.
« Appelez les causes nombreuses,
Dit gravement le président ;
Surtout que plaideurs et plaideuses
Ici se tiennent décemment. »
La première cause appelée
(C'était un loup contre un agneau)
Avait été bien travaillée
Par un renard au fin museau
Qui prouva que la bête à laine
Était dans son tort pour certain,
Puisqu'elle avait, à perdre haleine,
Couru sur le champ du voisin.
Cette cause ainsi fut perdue
Par notre innocent animal :
La pauvre brebis fut tondue
Par arrêt de ce tribunal.
Ce n'était pas du tout l'affaire
De notre terrible avocat,
Qui fit éclater sa colère
Et son chagrin dans ce débat.
Il avait pris sous sa tutelle
Notre pauvre petit agneau :

Un jet de sa noire prunelle
Mit dans l'effroi tout le barreau.
Le loup, son adverse partie,
Fut par lui fortement battu ;
L'assistance était ébahie
Et le tribunal abattu.
Il leur dit : « Mon âme est outrée
Du triomphe d'un imposteur.
Je suis maître de la contrée
Et saurai punir un voleur.
En ne plaidant que bonnes causes,
Je me croyais sûr du succès.
Qu'on m'obéisse en toutes choses,
Du plus fort ce sont les arrêts.
On me prenait pour un chanoine
Avec ma robe d'avocat,
Mais l'habit ne fait pas le moine ;
De mon courroux, craignez l'éclat. »

LES QUATRE VOYAGEURS.

Quatre hommes de Poitiers,
Membres de la basoche :

Un monsieur Dumoutiers,
Ayant manqué le coche,
L'avocat Dumolard,
Le notaire Prudence,
L'étudiant Gaillard,
Tout farci de science,
Voulurent de Paris
Entreprendre la route ;
Le barreau, très-surpris,
Les enviait, sans doute.
Chacun sur son cheval
Plaça sa gibecière,
Enfourcha l'animal,
Portemanteau derrière.
Trois d'eux furent devant,
Mais le père Prudence
Alla tout doucement,
Sans perdre patience.
Nos jeunes praticiens,
Courant monts et vallées,
Des sites parisiens
Atteignaient les allées,
Mais de ces imprudents
Les bêtes surmenées

Tombèrent sur les dents
Les dernières journées.
Il leur fallut alors
De leurs chevaux descendre,
Les traîner par le mors
Pour à Paris se rendre.
Survint en ce moment
Le bonhomme Prudence
Qui leur dit bonnement,
Après un long silence :
« Il fallait, jeunes gens,
Mesurer votre allure ;
Qui veut aller longtemps
Ménage sa monture.
Cheminant lentement,
Je gagnerai mon gîte
En beaucoup moins de temps
Que vous qui marchez vite. »

LES CHATS ET LES RATS.

Nous soupirons après la gloire,
Nous voulons cueillir des lauriers

Pour que notre nom dans l'histoire
Brille parmi ceux des guerriers ;
Mais quand il faut des peines prendre,
Qu'il faut nous ouvrir un chemin,
La paresse nous dit d'attendre
Et de remettre au lendemain.
C'est ce que nous prouve l'histoire
D'un certain champion des rats,
Au temps où sa race eut la gloire
De combattre contre les chats.
Usant d'un heureux stratagème,
Dans un combat il fut vainqueur ;
Mais, s'étant enferré lui-même,
D'être infirme il eut le malheur.
Alors le rat devint plus sage ;
Il évita les étourdis,
Tenant très-souvent ce langage
Aux jeunes rats les plus hardis :
« En dansant sur la corde roide
On pourrait se casser les bras ;
Si chat échaudé craint l'eau froide,
Il en est de même des rats. »

L'OFFICIER GASCON.

Au régiment de Roussillon
Etait un officier gascon
Qui se prit un jour de querelle
Avec un sieur de la Tournelle,
Autre officier du régiment
Qui le traita d'impertinent.
« Tu connais mal mon caractère,
Dit notre homme à ce militaire ;
Et, si tu ne changes de ton,
Tu recevras une leçon. »
— Pour la recevoir je demeure,
Dit l'officier, et tout à l'heure... »
— Je suis alors, dit le gascon,
Content de ta soumission,
Et ris de ta plaisanterie. »
Une semblable effronterie
Fit rire tout le régiment ;
Chacun disait en s'en allant :
« Il ressemble au chien de Nivelle,
Qui fuit aussitôt qu'on l'appelle. »

LE SOLDAT PARESSEUX.

J'ai connu jadis un guerrier
Qui, toujours, était le premier
A la table, au lit; mais en route
On lui trouvait l'haleine courte;
Il était lourd et paresseux,
Et du repos très-désireux.
Aussi, quand on était en marche
Très-pesante était sa démarche;
Il ne cessait pas de crier
Pour n'arriver que le dernier.
Un jour qu'il était à la chasse,
Comme un gueux portant sa besace,
Un tigre, qui sortait des bois,
Mit son escouade aux abois,
Car on n'avait plus de cartouche
Pour tirer la bête farouche.
Ce fut donc à tous de songer
A se soustraire à ce danger.
Quand on n'eut plus aucune crainte,
Que l'on fut hors de toute atteinte,

Chacun trouva très-étonnant
De voir arriver en avant
Notre paresseux militaire
Qui restait toujours en arrière.
Lors le chef, riant aux éclats,
Dit, en parlant à ses soldats :
« Ce lourdeau-là fait des merveilles
Quand la peur lui donne des ailes. »

LE CULTIVATEUR INDOLENT.

Un cultivateur de la Beauce,
Très-indolent de son métier,
Qui prenait son pied pour sa chausse,
Au lit restait le jour entier,
Oubliant souvent l'échéance
Des billets qu'il ne payait pas ;
Il était, par imprévoyance,
Presque toujours dans l'embarras.
Son esprit battait la campagne.
Sans jamais penser au présent
Il faisait châteaux en Espagne
N'ayant pas un denier comptant.

Poussée à bout, sa ménagère,
Les yeux en pleurs, le cœur saignant
De voir arriver la misère,
Dit à cet époux indolent :
« Il faut vous armer de courage,
Aller aux champs et ménager ;
Si vous paressez davantage
Nous n'aurons pas de quoi manger.
Laissez là toutes vos lubies ;
N'allez pas vous imaginer
Qu'allouettes toutes rôties
Arriveront pour le dîner. »

FIN.

TABLE DES MATIERES

QUATRE CANTATES.

HISTORIETTES.

FABLES.

PROVERBES MIS EN FABLES.

FIN DE LA TABLE.

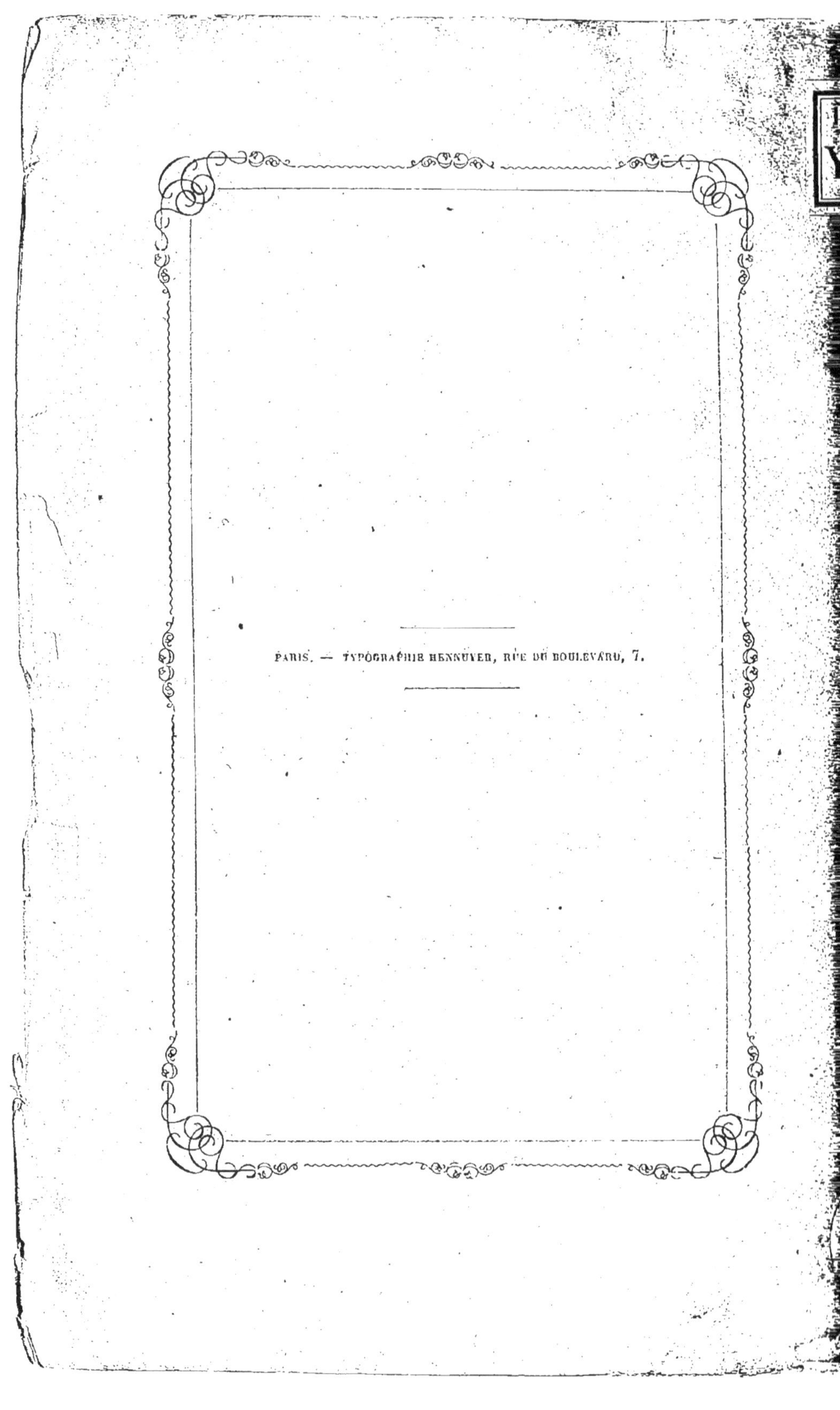

PARIS. — TYPOGRAPHIE HENNUYER, RUE DU BOULEVARD, 7.